親業訓練協会公認インストラクター
瀬川 文子／著

場に活かす
ト
ユニケーション

ン・メソッドが仕事を変える

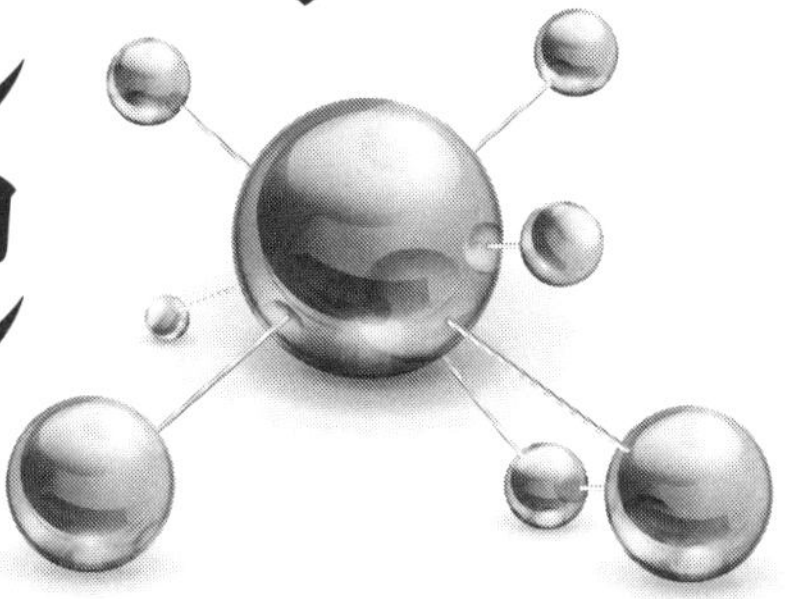

日本規格協会

はじめに

本書で紹介する米国の臨床心理学者トマス・ゴードン博士が考案したゴードン・メソッドは、博士が自身の専門分野であったリーダーシップのノウハウを親子関係に応用した方法論で、両者の間に信頼関係を築き、相手の成長を促し、見守ることができる力を養うことを目指したものです。

ゴードン・メソッドは家族における親子関係を豊かにするものとして、米国のみならず日本を含む世界各国で広く受け入れられていますが、このメソッドは、親子関係だけでなく人間関係全般に効果があるものとして、現在では様々な人間関係に焦点を当てたプログラムが開発されています。

本書は、このゴードン・メソッドの考え方を、職場のコミュニケーションに活かすことを目的に執筆したものです。組織で働くにあたり、職場でのコミュニケーションは、日々の業務を正確に、遅滞なく、誤解や行き違いのないように進めていくうえで不可欠なものです。この日々行われるやり取りは、ごく当たり前のもののように思われがちですが、はたして、あなたの伝えたいことは本当に相手にきちんと伝わっているでしょうか。

仕事をするうえで、自分の意図するところが相手にうまく伝わらないということは、たとえ電話の伝言ひとつをとっても何らかの問題の要因となりかねません。職場におけるコミュニケーションの不全は、製造現場などでは異常の発見の遅れや不慮の事故などの事態を招きかねないほか、そのようにして生じた製品やサービスの品質への影響は、お客様からの信頼低下や機会損失といった取り返しのつかない事態にもつながりかねないのです。

また、職場でのコミュニケーションは、職場の雰囲気やそこで働く人々の仕事へのモチベーションにも深くかかわるもので、仕事そのものの質だけでなく、その積み重ねの中で形成される人間関係にも大きな影響を及ぼすものと言えます。

本書では、職場において相手と信頼関係を築いていくためのコミュニケーションの方法や考え方を伝えることを主眼としていますが、その根底には、生活のうちの大半を占める職場でのコミュニケーションのコツを学ぶことで周囲の人間関係を良好にし、この本を手に取ったあなたの人生そのものをよりよいものとしてほしいという筆者の思いがあります。本書で紹介するゴードン・メソッドは、まさしくよりよい生き方を実現するためのベストなコミュニケーション法なのです。

職場でも家庭でも、生きていくうえで人間関係は人生に大きな影響を与えます。人間関係をベストな信頼に満ちたものにできれば、仕事の質が上がり、そこから生み出される製品やサービスの品質が向上し生産性も上がりますし、家庭は居心地のよい温かい場所になります。ところが現代社会では、人と直接コミュニケーションをとらなくてもインターネットで情報が得られ、買い物もでき、友人とさえもネット上でのやり取りでという生活をしている人も多く、生身の人間とのコミュニケーション能力が衰えているように感じています。

自分の人生を自分らしく、よりよく、前向きに生きていくためには周りの人の協力が必要です。お互いに気持ちよく協力したり、協力されたりできることで、仕事も人生も豊かになります。そのためには周りの人とわかり合えるコミュニケーションをとり、信頼関係を築くことが不可欠です。

現在の職場は雇用形態や世代の違いに加え、宗教や価値観が違う外国人とも仕事をするなど組織も多様化しています。こうした多様性の中で、お互いに気持ちよく、そして一人ひとりが自己実現できるようなコミュニケーション能力がますます求められており、私は自分の人生を主役で生きるためのコミュニケーションの知恵をたくさんの方にお伝えすることに使命を感じています。

本書では主に製品やサービスの品質に大きな影響を与える職場の人間関係に焦点を当てますが、このメソッドは上司と部下、妻と夫、親と子、友人同士など幅広い人間関係に応用可能です。家庭において家族関係が安定していることは仕事にもよい影響を与えます。また、次の世代の社会人となる子どもたちを育てるのも家庭での子どもへのかかわり方が大きく影響します。人間関係がうまくいかないのは相手のせい、親のせい、価値観や立場が違うせいとあきらめずに、自分の話の聞き方、伝え方をスキルアップすることで人間関係は見違えるほど豊かに、温かく、わかり合えるものになります。そんなコミュニケーションの方法を職場や家庭で使えるように会話例なども交えながらお伝えしていきます。

本書は、日本規格協会主催の「標準化と品質管理全国大会」の一コマを講師として担当させていただいたことがきっかけで出版の運びとなりました。このようなチャンスをいただき、たくさんの方に自分らしく生き生きと仕事や人生を楽しむベストなコミュニケーションの極意「ゴードン・メソッド」をお伝えできることに幸せを感じています。

本書を手に取ってくださった方たちの人生がますます輝くように願っています。

２０１４年６月

瀬川　文子

本書内の主な登場人物

この本で取り上げる会話例は実例を基にしていますが、プライバシーに配慮し架空の人物をつくりました。読者の皆様がイメージしやすいようにそれぞれの登場人物の特徴を簡単に記しておきます。

- 渡辺さん…どちらかというと人見知りで、コミュニケーションは苦手です。
- 田中さん…どちらかというと押しが強く、言いたいことをはっきり言います。
- 敬子さん…慎重で、引っ込み思案なところがありますが、まじめで頑張り屋です。ゴードン・メソッドを身につけるべく勉強中です。
- 中野さん…ゴードン・メソッドを学び、実生活の中で活かしています。

目次

第5章　行動の四角形の「自分が問題を持つ」領域でできること

第1章

職場に欠かせない コミュニケーションの重要性

企業や組織の中でコミュニケーションが円滑に行われるかどうかは、仕事の進行に非常に大きな影響を及ぼします。どのような仕事もコミュニケーションがなければ成り立ちません。上司の指示を正しく聞き取り、依頼された内容やその意図を理解するというコミュニケーション能力がなければ仕事になりません。また、その仕事を進めるうえでも自分の業務の状況についてきちんと正確に報告できなければ、進捗状況などを周囲と共有できませんし、引継ぎなどもできません。また、営業などの業務担当は、製品やサービスのよさを伝えられる能力がなければ取引や評価の機会も得られないだけでなく、顧客と接する場面で顧客のニーズを把握できません。またそのニーズを設計や製造、企画などの部門にきちんと伝えることができなければ、顧客に満足してもらえる製品やサービスの実現は不可能ですし、品質管理にも影響が出ます。どんなに優れた能力を持っていても、その有能さを表現するコミュニケーション能力がなければ協力も得られませんし、仕事は前に進まないのです。当然のことながら、コミュニケーション能力は職場だけでなく社会生活のあらゆる場面で求められるものであり、生きるための基本的な能力と言えます。ところがこの能力が衰えてきているのが現代です。

コミュニケーションがしっかりとれるか、とれないかは、毎日のように顔を合わせる職場や家庭の人間関係のよし悪しに影響を与えます。その人間関係は組織の生産性や個人の生活に大きく影響します。心を開いて話し合え、笑い合える人がいると、職場や家庭にいることが楽しくなり、仕事や人生にも前向きに取り組めます。反対に、顔を見るだけでイライラし、ため息が出るような職場や家庭で毎日を過ごせば、心が疲れるだけでなく、体にも影響が出て、病気になることもあります。人間関係の悪化が、業績の悪化、人生の悪化にもつながりかねないのです。

私自身もコミュニケーションのとり方を学ぶ前は、子育ての過程で長女との人間関係がうまくいかず、深い悩みを抱え、人生そのものが灰色の辛い時期を過ごした経験があります。長女との関係の悪化がきっかけで、私はコミュニケーションのとり方で人との関係が変わることに気が付きました。17年前に米国の臨床心理学者トマス・ゴードン博士が考案したゴードン・メソッドの一つである「P.E.T.親業訓練」というコミュニケーション訓練に出会い、学び続け、現在はこのゴードン・メソッドの訓練プログラムを提供するインストラクター、そしてそのインストラクターを養成するトレーナーとして仕事をしています。

職場では年齢・立場・役職などによって価値観も違えば、悩みも人それぞれです。

様々な人が集まる職場でお互いが理解し合い、誤解のない円滑なコミュニケーションを行うためには、基本的なコミュニケーションのとり方のコツを身につけていることが必要不可欠です。仕事も家庭も生き生きと前向きに、自分の人生をよりよく生きていくために、これからお伝えするコミュニケーションの方法が役に立つことを願っています。

まずは、言語による具体的なコミュニケーションの前に、コミュニケーション全体の土台となる大切なことについてお伝えします。

1・1　挨拶の意味

あなたの職場では、気持ちのよい挨拶が交わされていますか。毎日当たり前にしている挨拶ですが、どちらかというと習慣、礼儀として無意識に行われることが多いと思います。しかし、挨拶はコミュニケーションの土台であり、会話を始める大きなきっかけにもなります。

想像してみてください。朝、出勤しても誰からも挨拶がないとしたら？　営業先で挨拶なしに商談に入るとしたら？　家に帰っても「おかえりなさい」の言葉がなかったら…？　とても殺伐した光景が目に浮かびませんか。

そもそも挨拶とは、相手の存在を認め、相手を尊重する行為を言葉や態度で表したものです。同じ空間にいながら挨拶がなかったら、「無視された」、「嫌われている」などの誤解も生じます。心理学では承認欲求と言われますが、人は誰でも自分の存在を認められたいという欲求を持っています。職場や家庭で挨拶が行われることで自分の存在が受け入れられていることに安心感が生まれます。人は安心できる関係の中で、はじめて心を開いて話をすることができるのです。

社会人になりたての新入社員などは挨拶が苦手という人も多いようですが、慣れない職場で安心して仕事をしていくには、この当たり前の挨拶を自分からきちんとできるようにすることが第一歩です。先輩たちはあなたがどのような人間なのか気になって注目しています。即戦力として使える人間か、信用できる人間か、先輩に対してどのような態度を取る人間かなど、先輩たちも実は、同じ組織で仕事をしていくうえで、不安を抱えてあなたに注目しているのです。自分の存在を好意的に見てもらえるように挨拶を大切にすることをお勧めします。

また、管理職などには部下からの挨拶を無言で受けるだけで、言葉を交わさずに済ませる人もいますが、部下や新人は直接やり取りをすることができない遠い存在の上司から挨拶の言葉をかけてもらえることで、組織の一員として承認されているという組織の受容的な空気を感じ取ります。部下や新人が先に挨拶するのが当たり前と思わずに、気軽に挨拶の言葉をかけることで、相手は組織に対する好印象を持ち、仕事に対するモチベーションや忠誠心が上がります。特に「瀬川さん、おはよう」というように名前を呼ばれることは、より自分という存在が承認され大切にされている実感がわきます。このような当たり前のことがきちんとできる組織は世間からの信用も上がることでしょう。

私はかつて日本航空の客室乗務員として14年間国際線に乗務していました。客室乗務員はお客様をドア付近でお出迎えし挨拶をしますが、実は挨拶をしながらお客様を五感を使ってつぶさに観察しています。なぜ観察するのでしょうか。飛行機は一度飛び立ってしまうと密室になります。機内で事故や事件が起きても、また病人が出ても警察や救急車を呼ぶことができません。一次的にすべて客室乗務員が対応します。搭乗時に顔色が悪いお客様がいらしたら重篤な病気ではないか確認し、お酒臭く泥酔している方は搭乗をお断りすることもあります。あらゆるトラブルを想定し、それを未然に防ぐことに神経を使っているのです。

挨拶をしながら相手の様子を観察することで、未然にトラブルが防げます。毎日の挨拶の際にそうしたことを日頃から意識していると職場や顧客への対応がレベルアップします。トラブルが起きてから対処するのでは遅いのです。未然にトラブルを防げるように普段から気を配ることが必要です。挨拶をしながら五感を使って相手を観察し、サインをキャッチすることを習慣にしましょう。

1・2　目線が決める第一印象

また、挨拶をする時には目線を合わせることでより安心感が生まれます。人間は視覚情報にかなりの部分を頼って生活しており、相手を見

ることで言葉以外の情報のやり取りをしています。人の話を聞く時にも目線が大事です。話は耳で聞く行為ではありますが、実は目線がしっかり合うことで、相手は聞いてもらえたという実感が持てるのです。

私は講演会やセミナーで、参加者に2人1組になってロールプレイをすることで目線の大切さを実感してもらっています。どちらか一方が話し手になり、1分程度話をし、聞き手は相手の目を見ずに耳だけで話を聞きます。話し手に感想を聞くと、「無視された感じがする」、「自分の話が面白くないのか気になる」、「話したくなくなった」といった声が挙がります。一方、聞き手からは「表情がわからないので、楽しい話なのか辛い話なのかがわかりにくい」、「話の中身に集中しづらい」などの感想が挙がります。目線を合わせないだけでコミュニケーションに誤解が生まれ、わかり合える度合いが落ちるのです。

また、人が初対面で相手の印象を決める時のポイントも視覚情報であると言われます。米国の心理学者であるアルバート・メラビアン（Albert Mehrabian）が提唱したメラビアンの法則によると、「話の内容（言語情報）7％」、「話し方（聴覚情報）38％」、「態度・表情（視覚情報）55％」であるそうです（図1）。相手が信用できる人間かどうかを最初に判断する根拠は圧倒的に見た目によるところが大きいのです。

別のデータでは、ミネソタ大学の研究者が行った実験で、電話ボックスにわざとコインを置いておき、次に電話ボックスに入ってきた人がコインを見つけて手に取ったところで、「ここにコインを忘れたんですが、知りませんか」と声をかけ、信用されるかどうかを調べたものがあります。63％の人が信用してコインを渡してくれるという結果が出ましたが、さらに、電話ボックスを出る時に次に入る人と「目線を合わせる」と72％、「目線を合わせ『お待たせしました』と声を掛け、微笑む」と86％と上昇し、さらに「相手のひじに軽く触れるなど軽い身体接触をする」と返してくれる率が96％にまで高まったといいます。赤の他人と瞬時に信頼関係を築くポイントが目線や表情だと知っていれば仕事にも活かせますね。

コミュニケーションにあたっては、言葉そのものだけでなく視覚、聴覚、触覚もコミュニケーションの土台づくりに欠かせない大切な要素であるという意識を持つことで、

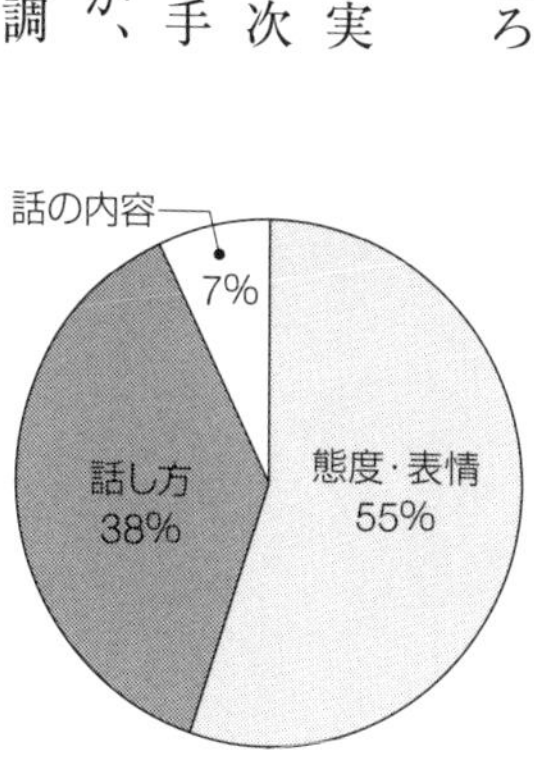

図１　メラビアンの法則

より正確なコミュニケーションができるのです。私は日頃からのコミュニケーションにおいて次の四つを意識しています。

目配り	相手に目線を配る
気配り	気配《けはい》を感じ、気を配る
心配り	思いやりの心を配る
言葉配り	言葉を選んで配る

1・3　言語に対する感性

「言語」を辞書で引くと「人間が音声または文字を用いて思想・感情・意志などを伝達したり、理解したりするために用いる記号体系」（広辞苑）となっています。言葉は人間だけが使うことができる便利な道具ですが、言葉を使えば間違いなく相手に意思伝達ができるかというと、やはり万能ではありません。なぜなら、その人が見聞きし、経験してきた事柄によって、言語の感性が一人ひとり違うからです。例えば、同じ赤いバラを見ても、それぞれの人が感じる赤は、人それぞれに異なります。「仕事」という言葉にしても、ある人は厳しいものと感じ、ある人は生き甲斐と感じるというように、その語の本来の意味以外に感じ方があるために、同じ言語を使っていても認識に微妙にずれがあり、誤解が生じることもあります。

ここで、言語による指示を聞き取って、全員が同じ図を描けるかどうかを実験してみましょう。

「横の直線を2本描いてください。次にそれぞれの直線の下に丸い円を描いてください。その丸の中にそれぞれ黒丸を描いてください。円と円の下に三角を一つ描いてください。三角の真下に半円形を一つ描いてください」

私の伝えたいイメージはこの節の最後にあります。いかがですか。同じ図が描けましたか。

簡単な図であるのに言葉の受け取り方は様々で、言語を使っても正確には伝わらないことが実感できたのではないでしょうか。このような行き違いが仕事の場でも起きている可能性があります。私は正確に指示を出したつもりでも、相手との感性や経験の違いでまったく別の意味に受け取られることや、意図したものと違う結果になることもあるのです。

例えば、私が職場で新人のAさんに「プレゼンの資料を早めに仕上げておいて」と指示を出したにもかかわらず、自分の思っていた日程にできあがってこないと、Aさんを責めたくなります。しかし、これは私の考える「早め」は3日以内、学生気分の抜けないAさんの「早め」は1週間という感覚の食い違いが生じた結果です。

私の講演では、話を始める前に参加者全員で挨拶をする時間を1分間だけ確保しています。この時に私は「この会場にいる皆さん全員で挨拶をする時間を1分間取ります。できるだけたくさんの人と挨拶を交わしてください」と指示を出しますが、この指示の聞き取りにも感覚の違いが生じます。私は「この会場に自分もいる」のですから、私のところにも挨拶しに来てくれる人がいることを期待するのですが、実際には「講師は〝皆さん〟の中には入っていないだろう」と勝手な思い込みをしてしまう人が多いのです。結果、私のところには一人も来ないということがしばしば起きます。私としては皆さんに言葉の受け取り方の違いを実感していただくために自分からは積極的に挨拶しないので、その影響もあるかもしれませんが…。

このような誤解や思い込み、感性の違いを埋めるためには、相互通行のコミュニケーションがポイントになります。先ほどの図を描く実験でも相互通行のコミュニケーションができたなら、同じ図が描ける可能性はぐんと上がります。「横の直線は並べるのですか。上下、左右どちらにですか。何センチですか。」と質問や確認ができれば正確に伝わります。そして、職場では特に、上司と部下、先輩と後輩という縦の関係性が強調されてしまいがちであるため、話しやすい、質問しやすいという環境づくりが欠かせないのです。上の立場に立つ人が、質問をしやすいような配慮をすることで誤解が生じな

いコミュニケーション、相互通行のコミュニケーションが可能になります。日々の業務においても「今の説明で理解できましたか」、「わからないことはないですか」、「何でも質問していいですよ」などの声かけができる先輩や上司を目指したいものです。

1・4　自分を知る

自分の人生は自分が主体的に動いて初めて満足感が得られるものになります。反対に周囲の影響ばかり受けて、自分を見失った人生では生きる意欲がわいてきません。相互通行のコミュニケーションの実践は、まずは自分の望んでいること、自分の欲求、自分が大切にしたいことは何なのかをはっきりと自覚することから始まります。心理学の世界では「自己理解した分、他者理解ができる」と言われています。相互通行のコミュニケーションの土台は「自己理解と他者理解」です。私が大切にしている考え、思いや欲求があるのと同じように、他者にもまた大切にしている考え、思い、欲求があると認め、それを尊重することができてくると、自分の考え、思い、欲求を率直に語ると同時に、相手の考え、思い、欲求も聞きたいという姿勢が生まれるのだと思います。

図2は「ジョハリの窓」と呼ばれるモデルです。対人関係における自己開示、コミュニケーション、気付き、自己理解などの説明に使われています。

この図における「開放」領域が広がればコミュニケーションがよくなることは、感覚的に理解できるかと思います。「開放」領域を広げるには、あなたが積極的に「自己開示」できるかどうかが影響します。

自己開示とは、自分の考え、思い、欲求を自己表現していくことです。自分を率直に語ることで、相手はあなたのことがよく理解できるようになります。同時に相手も率直なあなたに接して心を開きやすくなります。自分を語ることでさらに自己理解を深めることもできます。自分を知り、自分の欲求を満たす責任は自分にあります。他者の

	自分が知っている自分	自分が知らない自分
他者が知っている自分	開放	盲点
他者が知らない自分	秘密	未知

図2　ジョハリの窓

協力を得て、自分の思いや考えを実現していくためには、言葉を使って伝えなければ満たされません。自分らしく生きるためには自己表現が欠かせないのです。

さあ、それでは人との関係づくりの土台ができたところで、言葉によるコミュニケーションの取り方の土台となるゴードン・メソッドについて説明します。

1・5　ゴードン・メソッドとベストなコミュニケーションとは

トマス・ゴードン博士（Thomas Gordon：１９１８年～２００２年・表1参照）は米国の臨床心理学者で、カール・ロジャース博士（Carl Rogers）に師事し、シカゴ大学で助教授を務めるかたわら長年にわたり問題児のカウンセラーとしても活躍しました。

ゴードン・メソッドは、ゴードン博士が、たくさんの「問題児」とされる子どもたちとのかかわりの中で、予想に反した現実に気付いたことから生まれました。親や教師が「問題児」、「情緒障害」、「神経症」、「不適応」、「犯罪者一歩手前」などとレッテルを貼った子どもたちの多くは、ゴードン博士の目には正常で健康に映ったのです。カウンセリングが必要なのはむしろ親や教師の方であるという思いから、博士が自分の専門分野だったリーダーシップのノウハウを親向けに開発したトレーニングが、ゴードン・メソッドの出発点である「P.E.T.親業訓練」です。これは親子の間に信頼関係を築き、相手の成長を促し、見守ることができる力を育てていくことを目指すものです。

米国では、家族関係で問題を抱える前の予防のプログラムとして、１９６２年以降、多くの人に「P.E.T.親業訓練」は受け入れられ、あっという間に全米へ、世界へと広がりました。現在では、50か国で講座が提供

表１　トマス・ゴードン博士・年表

トマス・ゴードン博士

1918年	イリノイ州に生まれる
1934年	デュポー大学入学
1938年	オハイオ州立大学大学院心理学科に入学 カール・ロジャースに出会う
1944年	空軍に入隊
1948年	除隊後、シカゴ大学大学院人間開発学部入学
1949年	シカゴ大学助教授就任 カール・ロジャースと共同研究
1962年	「P.E.T. 親業訓練」をカリフォルニアで開始
1970年	「P.E.T. 親業」を出版
1974年	「T.E.T. 教師学」を出版
1999年	全米心理学財団から表彰を受ける

され、ゴードン博士の著書「P.E.T.」は19か国語に翻訳されています。日本でも1978年に「親業」として翻訳され、1980年に私の所属する親業訓練協会が設立されました。以後、この協会では30年以上ゴードン・メソッドの各種プログラムを伝え続けています。

残念ながらゴードン博士は2002年に亡くなりましたが、1999年には、全米心理学財団より長年の功績を認められてゴールドメダルを授与されています。また、1997年から1999年まで、毎年ノーベル平和賞にノミネートされていました。

ゴードン博士のプログラムは、親子関係を豊かに、わかり合えるものにする「P.E.T.親業訓練」が有名ですが、信頼関係を築き、相手の成長を促し、見守ることができる力は、何も家族や親子の関係においてのみ大切なわけではありません。子育ても職場の人材育成も根本的には同じなのです。ゴードン・メソッドは、親子関係のみならず人間関係全般に効果があるものであり、様々な人間関係に焦点を当てたたくさんのプログラムが設けられています。

本書はゴードン博士の夫人で、現在Gordon Training InternationalのCEOであるリンダ・アダムス氏が作成したゴードン・メソッドのプログラムの一つである「Be Your

Best（日本語名：自己実現のための人間関係講座）」を土台に、コミュニケーションの基本的なとり方やベストなコミュニケーションの手法や考え方をお伝えしていきます。

ゴードン博士が考えたコミュニケーションのポイントは大きく分けると以下の五つになります。

- お互いの人間関係を信頼に満ちたものにする
- わかり合え、誤解のないものにする
- 自分も相手も尊重する
- 相手の悩みや問題の所有権を奪わない
- 自分と相手の自立を促す

本書における「ベストなコミュニケーション」とは、自分の意見や考えを率直に表現できるとともに、相手の意見や考えも尊重することができるようなコミュニケーションを指しています。このように自分も他人も大切にできるコミュニケーションの方法を身につけることは、その後の自分の生き方にも大きく影響してきます。自分の生き方をよりよいものとすることにつながるのです。ベストなコミュニケーションの先に実現されるよりよい生き方とは、「自分の人生を自分が主役で生きる」ということです。そのことは同時に、次に示すようなことの実践にもつながります。

1．自己理解ができている…自分のしたいこと、欲求、夢、目標が明確である
　　自己受容・自己尊重できる
2．自分の行動に責任を持つ…言ったこと、したことの結果を引き受ける
　　率直な自己表現ができる
3．周りの人との関係を大切にする…相手の気持ちや意見を尊重する
　　一方的ではなく相互理解を大切にする
4．目標を立て計画する…自分の人生を主役で生きるために目標を持ち、計画を立て
　　行動できる

ゴードン・メソッドは、心理学、教育学を土台に効果的なコミュニケーションのとり方を提案しています。ゴードン・メソッドは専門的な知識がなくてもわかるような工夫がされており、何よりも実際の生活で使えるように体験学習を中心に据えています。本来は、前出の講座（「Be Your Best　自己実現のための人間関係講座」・3時間×7回）

を体験し、訓練することで、コミュニケーションのとり方を身につけてくのが最も効果的なのですが、本書では、その訓練の土台になっているスキル、考え方、会話例などを職場でのコミュニケーションを想定しながらお伝えしていきます。

●第1章のポイント

☆挨拶は相手の存在を尊重する行為
　挨拶をしながら五感を使って相手を観察し、サインをキャッチ
☆目線がしっかり合うことで、相手は聞いてもらえたという実感が持てる
　人間は言語以外の視覚情報・聴覚情報で第一印象を決める
☆言語の感性は一人ひとり違う
☆自分を知ることが他者を理解することにつながる
　自己理解と他者理解
☆ゴードン・メソッドとベストなコミュニケーションの定義
　ゴードン博士のコミュニケーション・メソッドは人間関係の形成と生き方に影響を与える

第2章 コミュニケーションのスタイル

自己表現が大切だとわかっていても、本当の自分を表に出すことは勇気が要ります。表に出さない方が相手に受け入れられやすいという考え方を知らぬ間に身につけてしまっているからかもしれません。また、子どものころからそのように育てられてきたということもあるでしょう。自己主張をすると対立が起こり、気まずい人間関係になってしまうのではないかという恐れを抱くこともあります。しかし、率直に自分を表現することが人間関係を壊すのではなく、実は表現の仕方に問題があるのです。

人にはそれぞれコミュニケーションのスタイルがあり、それはその人の表現の仕方に大きな影響を及ぼします。コミュニケーションのスタイルは、大きく分けると三つのタイプになります。

2・1　引っ込み型

引っ込み型は、自分の気持ちや欲求を他者に伝えず、大切な欲求を満たすための行動を自分から起こしません。引っ込み型の人は、自分が苦しむことがわかっていても、争いを恐れるために自分の欲求や思い、意見を言わないのです。こういう人は周りの人が言ったり、したりすることにどう反応すればよいか、そちらに気を遣い、時間とエネルギーを浪費します。自分の欲求よりも他の人の欲求を優先させてしまうために他人から利用されてしまうことが多く、仕事を押し付けられたり、努力を無視されたり、物事を勝手に決められたりします。恐れに支配され、自分の欲求を押し込めているのです。

例えば、争いに負けるのではないかという恐れ（面目を保ちたいという欲求）、自分の考えや欲求が拒否されたり、無視されたり、関心を持ってもらえないのではないかという恐れ（あらゆる犠牲を払っても、好かれ認められたいという欲求）などです。

引っ込み型の人はこうした恐れから、ごく当たり前の感情や欲求、意見さえも表現しようとしません。自分の考えや欲求を言う時もおずおずと消極的な表現を

するので、相手に取り合ってもらえないこともあります。そのため、引っ込み型はストレスがたまり、怒りや挫折感、不満を感じます。後になって「ああ言えばよかった」、「こう言えばよかった」と悔やむことに時間とエネルギーを費やします。度が過ぎれば、心身ともに病気になってしまうこともあります。また、ストレスが限界に達すると、一気に次節で紹介する攻撃型の行動に出る人もいます。

新入社員の渡辺さんは引っ込み型で、なかなか思ったことが言えません。そんな渡辺さんが先輩から一緒にビジネスセミナーに行こうと誘われました。ところがその日は久しぶりに友人と会う約束があったのです。先輩に嫌われたくない渡辺さんは断ることができずに、気が進まないまま一緒に行くことになりましたが、ビジネスセミナーは渡辺さんには楽しめる内容ではありませんでした。不満足と後悔でいっぱいの渡辺さんの表情は冴えません。言葉に出さなくても先輩は渡辺さんの雰囲気を感じ取ります。結局、何となくお互いに気まずい空気になってしまいました。

渡辺さんのような経験はありませんか。引っ込み型の典型的な行動です。

もちろん引っ込み型にも利点はあります。相手に合わせるので、優しい人、感じのよい人、奥ゆかしい人などの印象を持ってもらえることもあります。また、仕事の場では自分の意志で引っ込み型を選び、場を収めることもあると思います。ここで重要なのは、自分の意志で相手に合わせることを選択したのであれば、その結果が満足いくものでなくても、人のせいにせず自分で責任を取ることです。

引っ込み型の人は、特に自己表現のスキルを身につけることで、相互通行のコミュニケーションがとりやすくなります。

2・2　攻撃型

攻撃型は、他人を犠牲にしてでも自分の欲求を満たそうとします。相手の気持ちや欲求を思いやることなど考えもしません。自分の感情、意見、欲求をはっきり伝えるのですが、相手をやっつけたり、無視したり、傷つけたりするような言い方ややり方をします。また、相手をうまく操ったり、裏切ったり、手を貸さずにわざと傍観したり、あるいは頑なに沈黙することで抵抗するなど、自分の欲求を満たすために巧妙な攻撃もします。中には攻撃型で人とかかわったあとに、罪悪感、後ろめたさを感じる人もいます。当然ながら、このような攻撃型の行動をとられた相手は恨みや怒りを感じ、仕返ししたりすることもあるでしょう。攻撃型の行動は、良好な人間関係の形成を難しくします。

入社3年目の田中さんは押しの強い攻撃型です。同僚のCさんにビジネスセミナーに誘われました。田中さんには興味の持てない内容です。「お前、いまだにそんなセミナーに行ってるの！　はっきり言って、そんなのお金の無駄！　何の役にも立たないよ！」と田中さんは相手のためを思って言いました。しかし、Cさんはバカにされたように感じ、傷つきました。

自分にとって興味がないものであれば「行かない」だけで十分です。必要以上に相手を責めるような言い方をしてしまうのが攻撃型の特徴です。

ただ、攻撃型にも長所はあります。大きく強く見られるので、頼りがいがあると見られることもあります。特に緊急の場面などでは、一方的な指示、命令、大声

が効果的に働くこともあるでしょう。

管理・監督する立場にある人などは、仕事の立場上、部下に対して攻撃型にならざるを得ないこともあるかもしれませんが、その場合には、落ち着いてからなぜあの場面で攻撃型の行動をしたかを相手にわかるように説明するなどの配慮が必要です。そのような配慮がなければ、相手はあなたを怖い人、一方的な人として避けるようになります。四六時中攻撃型で行動する人に対し、周りの人間は防衛心が強くなり、無気力あるいは無責任な態度をとるようになるので、生産性が上がらなくなります。仕方なく攻撃型の行動を使った時にはアフターケアを忘れないことが重要です。

攻撃型の人は、特に相手の言い分や意見、気持ちを理解する聞き方を身につけることで、相互通行のコミュニケーションがとりやすくなります。

2・3　率直型

率直型は、自分が何を求め、何を欲しているかを自覚したうえで、それを相手を傷つけずに率直に伝え、相手の思いや意見も尊重しながら、自分の欲求を満たす行動をします。率直型であるためには、正直かつ率直に自己表現をすることが必要です。自分の感情や欲求を伝え、自分の権利を主張しますが、決して一方的ではなく、相手の権利や欲求を侵害することはしません。思いやりがあり、気持ちと行動が一致していて、裏表なく正直です。必要な時には相手の意見を求め、協力を依頼することもあります。

先ほどの引っ込み型の渡辺さんが率直型のコミュニケーションを身につけると、同じ場面でも「お誘いくださってありがとうございます。せっかくですが今回のセミナー参加はお断りします。実はその日は昔からの友人と久しぶりに会うことになっているので。それに経済的にも今は余裕がないんです」とさわやかにすっきりと自己表現ができるようになります。相手が抵抗や反発をしたら、相手の言い分にも聞く耳を持った対応ができます。

また、相手と対立が起きた時には、双方が満足できる解決策を見つけられるような話し合いをしようと働きかけますし、相手が援助や協力を求めている時には積極的にかかわります。

率直型の行動ができている場合は、不安を感じることが少なく、満足感や自尊心が高まり、自信が持てます。周りの人もそんなあなたに好意的に接し、人間関係も深まります。まさに相互通行のコミュニケーションができるのです。まさによりよい生き方につながるベストコミュニケーションを実現できるのが、ゴードン博士が勧めているこの率直型です。

ここまでコミュニケーションの三つのタイプを紹介してきましたが、自分がどのタイプにあたるのかは、巻末の付録で簡単な自己診断チェックができますので、自分の傾向を知る手がかりにしてください。

2・4　上司の権威の使い方

ベストなコミュニケーションを実現できるのは率直型であることをお伝えしましたが、組織では縦型の指示命令系統に従って仕事をすることがほとんどです。その時に気を付けたいのが権威の使い方です。上司や先輩は権威を使って、部下や後輩を教育・指導し、人材を育てる必要があります。ところがこの権威には二つの意味があります。

①他人を強制し、服従させる威力。権力と同じ意味。（power）

②その道で第一人者と認められる人。大家。（authority）

私たちは、この①と②の権威の違いを意識せずに使っています。しかし、どちらの権威を使うかによって、人間関係には大きな差が生まれます。自分では②の権威（authority）を使って部下や後輩を育てているつもりが、いつの間にか①の権力（power）を振りかざしている状態になってしまうということがしばしば起きます。①の権威を使えば、パワーハラスメントとも受け取られかねず、人間関係は殺伐としたものになります。上司と部下が支配者と被支配者の関係になるからです。支配される者は、支配する者を心から信頼することができません。いつ力を振るわれるかを常に心配し、恐れや不安、悲しみ、無力感を抱き、欲求不満に陥ります。そのような理不尽な力から自分を守ろうとして、嘘をついたり、反抗したり、いやいや服従したり、弱いものいじめで自分の鬱憤を晴らしたり、支配者から逃げ出したりすることになります。組織の中で権力がはびこれば、組織の生産性は上がらず、安全性の確保、人材の確保なども難しくなります。

これに対し、②の権威を使う場合には、人間関係に問題が起きることは少ないと言えます。なぜなら第一人者とは他者から尊敬され、認められる存在だからです。周囲が認める第一人者には誰もが一目置いているので、強制などしなくても、その人の意見を聞きたい、教えを請いたいと相手の方から進んで相談に来るのです。

今までに権力（power）を振りかざす上司、先輩、親に対してどのような思いを持ちましたか。こちらの言い分も聞かずにいきなり怒鳴ったり、殴ったりする上司、先輩、親に対してどのような気持ちや態度になりましたか。たとえ相手の考えや言っていることに一理あっても、素直に受け入れられないのではないでしょうか。服従したふりをして、いつか仕返ししたいとか、見返してやりたいなどと反抗的な気持ちになりませんか。

優秀な人材を育てたいと望むなら、支配者になるのではなく、第一人者として周りから尊敬されることが求められるのです。ベストなコミュニケーションができる上司、先輩は間違いなくauthorityです。

それでは、これから率直型の行動を取れるようなベストコミュニケーションの極意を身につけていきましょう。

●第2章のポイント

☆コミュニケーションのスタイルは大きく分類すると三つ
引っ込み型・攻撃型・率直型はそれぞれに短所、長所がある

☆ベストなコミュニケーションは率直型で
自分が何を求め、何を欲しているかを自覚したうえで、それを相手を傷つけずに率直に伝え、相手の思いや意見も尊重しながら、自分の欲求を満たす行動をする

☆上司の権威と権力の違い
権力（power）は人間関係を壊しかねない。権威（authority）は人間関係が信頼に基づいている

第3章 行動の四角形ですっきり整理

具体的な自己表現の方法をお伝えする前に、どんな場面で自己表現することが効果的かを見極める大変便利なツールについてお伝えします。私たちは相手とコミュニケーションをとろうとした時に、つい相手の態度や性格についてものが言いたくなることがあります。ゴードン博士は相手とコミュニケーションをとる時には、相手が言ったり、したりしていること、つまり行動や事実に注目することがポイントであるとしています。自分の判断や解釈を加えずに、見たまま、聞こえたままの事実を取り上げてコミュニケーションをとることで誤解が減り、相手にもわかりやすく伝わるのです。相手の行動を自分がどう感じたかを整理し、その整理に基づいて話すタイミング、聞くタイミングをはかるツールがゴードン・メソッド独自の「行動の四角形」というものです。

3・1　心の窓としての行動の四角形

この「行動の四角形」はいわば「心の窓」です。私たちは自分以外の人たちが言ったり、したりしていること、つまり相手の行動をこの心の窓を通して自分の中に取り込みます。相手の行動に対して、私たちの感じ方は、快か不快か、嫌か嫌でないか、困るか困らないか、気になるか気にならないか、受け入れられるか受け入れられないかの二つに一つです。そこで、相手の行動を自分の正直な感じ方で、まず受け入れられるか、受け入れられないかで分けてみるのです。上司だから、部下だから、すべてを受け入れなければいけないと思わずに、役割を捨てて一人の人間として、自分の感じたままに正直に整理してみることが重要です。

その相手の行動を受け入れられる（受容）か、受け入れられない（非受容）かの感情を整理するのに四角形に一本の線を引いて分けます。この線を「受容線」といいます。受け入れられない相手の行動は線の下（この領域を「非受容領域」といいます）に、また受け入れられる行動は線の上（この領域を「受容領域」といいます）に分類します。相手の行動は二つの領域のどちらかに整理されることになります（図3参照）。

この受容線は固定したものでなく、相手の同じ行動でも、自分の心や体の状態によって上下します。要は、受け入れら

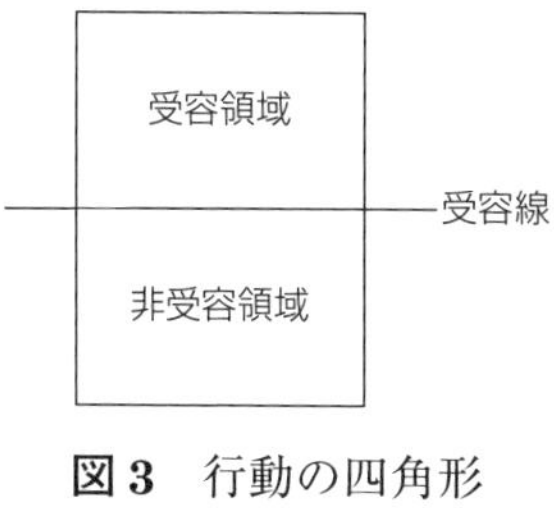

図3　行動の四角形

れる時もあれば、受け入れられない時もあるということです。例えば、あなたがとても疲れていて、心に余裕がない時には部下や同僚が大きな声で話すことが受け入れられないことがあるかもしれません。反対に、あなたにうれしい出来事があった時には同じ行動が全然気にならないこともあるでしょう。

　また、同じ行動でも、それをしている相手が誰なのかによっても受容できたり、できなかったりします。例えば、男性が大きな声で話すことは受け入れられても、女性が大きな声で話すことは受け入れられないとか、好きな上司が大きな声で話すことは受け入れられても、苦手な部下

が大きな声で話すことは受け入れられないといったこともあるかもしれません。

さらに、その行動がなされている環境、この場合で言えば大声を出している場所によっても、あなたの受け止め方は違ってくることでしょう。建設現場での大声は受け入れられても、狭いオフィスの中で大きな声で話すことは受け入れられないといったこともあるかと思います。

要するに、この受容線は「私自身」、「相手」、「環境」という三つの要素の影響を受け、常に変化するのです。図４に示すように、その時々によって、受容領域が広くなったり、非受容領域が狭くなったりするということです。状況によって

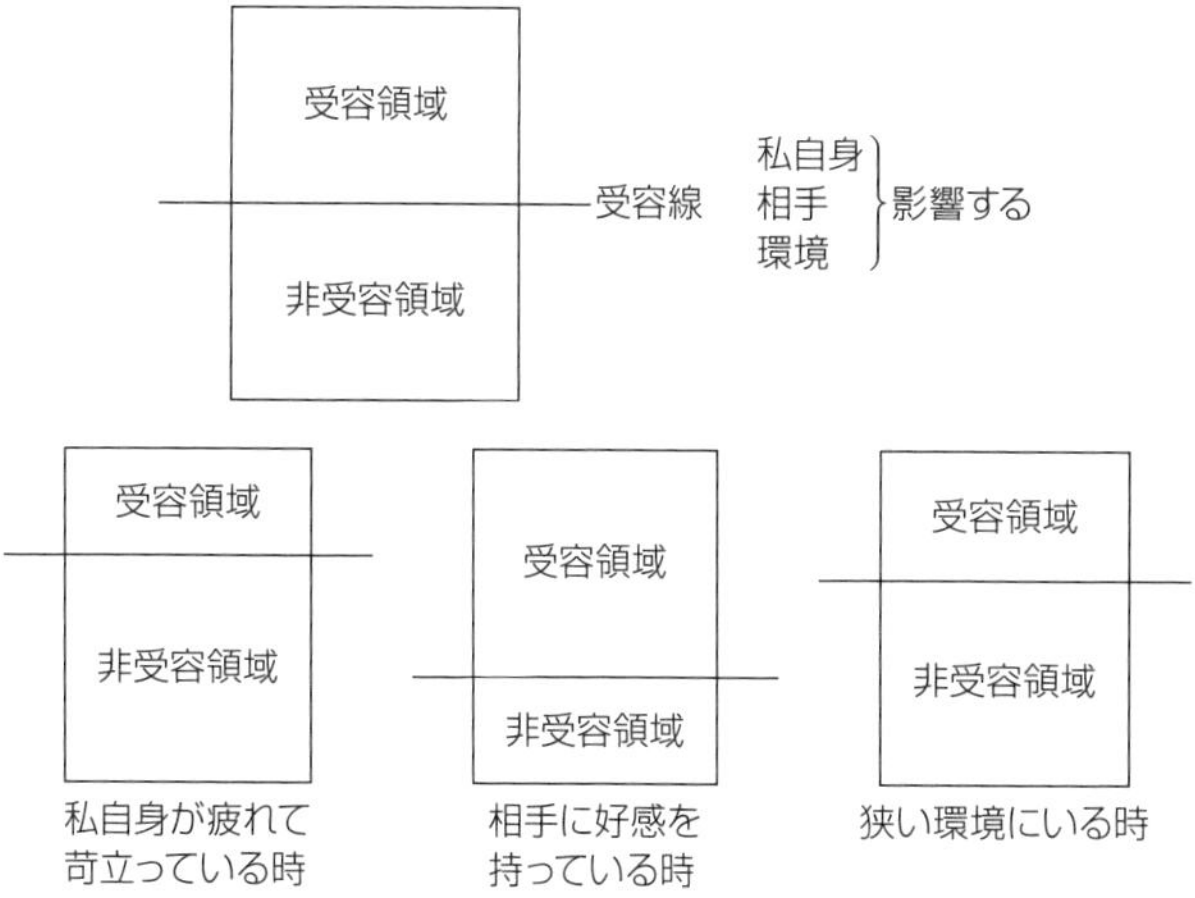

図４　変化する行動の四角形

様々な感情を持つことは決しておかしなことではありませんし、受け止め方は人によって様々です。ですから、上司だから、部下だからと我慢してすべてを受け入れなければいけないと思わないことです。役割や役職、男だから、女だからという前に、一人の人間として、受け入れられることもあれば、受け入れられないこともあるということを自分に許しましょう。

この心の整理をする時に一番大切なことは、相手の「行動、事実」を客観的によく見ることです。相手の性格や態度を見るのではありません。例えば「この新人は、だらしない」、「この部下は短気で、集中力がない」というのは客観的に見た行動とは言えません。今、目の前にいる相手のどんな仕草、言動、状態を見て「だらしない」、「集中力がない」と感じるのかを具体的につかむのです。デスクの上に報告書を山積みしていることで「だらしない」と思うのではないですか。細かい作業の途中で何度も席を立つから「短気で、集中力がない」と感じるのではないですか。一つひとつ相手の行動をよく見て、聞いてください。今、目の前にいる相手の行動に焦点を当てて整理することが重要なのです。

相手に「だらしない」、「短気」、「思いやりがない」などというレッテルを貼って、全人格を否定してしまうのではなく、今、相手がしている行動だけに焦点を当ててみてください。相手の行動が変われば、私の気持ちも変わるはずです。私をイライラさせたり、困らせたり、悲しませている相手の行動が変われば、私の気持ちも変化し、相手を受け入れることができるかもしれません。

また、私たちは相手の欠点や嫌なところ、できていないことについ目が向きがちです。特に上司の立場になると、部下に対してはしっかり指導をしなければという思いが強くなり、できないことやだめなところばかりが目に付きやすくなります。しかし、自分のものの見方をちょっと変えれば、できていることやよいところもたくさん見つかるはずです。できて、やって当たり前という見方をしてしまうと相手の長所や本来の姿を見失うことがあります。

相手は何をしていますか。何を言っていますか。目に見えること、耳に聞こえる言葉をとらえる習慣をつけましょう。

3・2 誰の問題か

この行動の四角形は、受容・非受容による2分割の後、誰が困っているのか、言い換えれば誰が問題を抱えているかの整理をするために受容領域をさらに2分割します。自分が受け入れられない、嫌だ、イライラすると感じる非受容領域に整理した相手の行動は、言葉を変えれば「私が問題を持つ（私が困っている）」と表現できます。［※この「私が（あるいは相手が）問題を持つ」というのはゴードン・メソッド特有の表現ですので、本書ではこの表現を用いていきます］行動の四角形の下の部分に整理した相手の行動が、私に問題を持たせているわけです。その場合は、自分が困り、嫌だと思っている相手の行動に関して、率直に伝えなければ相手の行動は変わらないことでしょう。なぜなら、相手は私を困らせようと企んで何かしているわけではありません。自分のしたいことをしているだけなのです。だから私が言わなければ、相手は気付くことができませんし、嫌な気持ちがいつまでも続き、問題はいつまでも解決しないことになります。言いたいことも言えずに心にため続ければ、いつか爆発して、結果的には相手を激しい言葉や暴力で傷つけてしまう可能性もあります。

例えばあなたが上司の立場にあるとして、部下の渡辺さんが遅くまで会社に残って仕事をしているのは、昼間の仕事の仕方に問題があるとあなたが感じていたら、上司であるあなたはイライラし問題を抱えることになるので、これは「私が問題を持つ」領域に分類されます。

一方で、その状態について自分は困らない、嫌でない、受け入れられる、という受容領域に整理した相手の行動が、反対に相手にとっては悩みや問題になっていることもあります。先ほどの例で、部下の渡辺さんが遅くまで会社に残って仕事をしていることに、あなたは特に嫌ではなく、問題も感じないのですが、渡辺さんは仕事に行き詰って、一人で悩んでいるとしたらどうでしょうか。相手が言葉で悩んでいる、困ったと言わなくても、あなたはそのことをサインという形で感じるかもしれません。そのような行動は「行動の四角形」の上の部分にもう一本線を引いて、一番上の部分に整理し、「相手が問題を持つ」領域をつくり

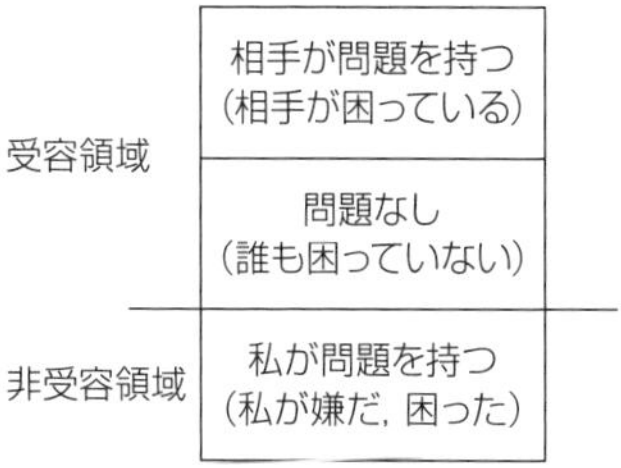

図５　行動の四角形・三つの領域

ます。

また、渡辺さんが遅くまで会社に残って仕事をしているのは、来週のプレゼン資料に集中しているためで、あなたも一緒に積極的に協力しているといった場合は、図5に示すように「行動の四角形」の真ん中の部分に整理します。あなたも相手も「問題なし（誰も困っていない）」になるわけです。

相手をよく見て、自分の心の声に耳を澄ませましょう。このような整理をすることで誰の問題かということが明確になるのです。ここでいう「問題」とは、誰が「嫌だ」と感じているか、または「困っている」、「悩んでいる」のかという意味で使っています。

3・3　問題所有の原則

行動の四角形で整理ができると、自分の問題と相手の問題を分けて考えることができ、何でもかんでも自分の問題として抱え込むことがなくなります。熱心に仕事に取り組む上司の中には、部下の問題はすべて上司である自分が何とかしなければいけないと考え、心身ともに大きな負担が生じてしまう例があるといいます。部下の様子と業務の進捗に気を配り、自らのスキルと経験を基に適時適切なアドバイスを送る、業務の優先順位を整理する…など、部下が業務をスムーズに遂行するための支援を行うことは上司として不可欠な役割ですが、部下が自分で解決しなければいけない問題まで抱え込む必要はないのです。

ゴードン・メソッドでは、問題は、問題を持つ人が自分で解決していくという考えに立っています。なぜなら、問題の解決策は問題を持つ人の中にこそあると考えているからです。ゴードン博士はこのことを「問題所有の原則」と名付けています。問題の所有権はあくまで問題を持つ人のもので、他者が取り上げて解決することは、問題を持つ人の考える力や自立心、自尊心を奪うことになります。悩みや問題はその人に与えられた人生の宿題です。宿題は自分で解かなければ、自分の力になりません。人の悩みや問題を取り上げて解決してあげることは、結果として依存心を育てることになり、決して相手のためにならないだけでなく、相手の能力を尊重しないことにもなるのです。これは、人材の育成には欠かせない考え方と言えるでしょう。

相手が悩みや問題を抱えた時に、私にできることはそれを解決してあげることではなく、相手が自分でその悩みや問題を乗り越えられるように手助けすることなのです。本章で説明したこの行動の四角形は、自分の気持ちを整理しながら、同時に相手に対してどのような対応が適切で効果的なのかを知ることができる、とても便利なツールです。

しかしながら、実際の業務においては、現場で考えさせる暇がないなど、すぐに対応しなければならない時には上司である自分が問題を抱えることになるため、解決策を与えて問題を解決せざるを得ない場合もあるとは思います。ただし、時間的な余裕がある時には、部下に自分で考えさせる機会を与え、一緒に問題を解決するプロセスを援助するスタンスに立つことが重要です。こうした対応を心がけると自立した優秀な人材の育成につながっていきます。

それでは、次の章から行動の四角形の各領域でできること、効果的なコミュニケーションのとり方をお伝えしていきましょう。

●第3章のポイント

☆行動の四角形は心の窓

相手の態度や性格ではなく、行動・事実を心に取り込む

☆誰が困っているのかを自覚する

誰が困っているのかが整理できれば、対応方法も整理することができる

☆問題所有の原則

人の悩みや問題は奪わない。解決策はその人の中にある。考える力、問題解決力を育てるために必要な考え方

第4章
行動の四角形の「問題なし」領域でできること

第4章から第6章では、前章で紹介した行動の四角形における各領域別に、ゴードン・メソッドに基づく効果的なコミュニケーションの考え方や手法を紹介していきます。この説明にあたり、まず各領域とそれぞれの領域で紹介するトピックを図6に示します。

この第4章では図6に示した行動の四角形の真ん中にあたる「問題なし」領域、第5章は最下部の「自分が問題を持つ」領域、第6章では最上部の「相手が問題を持つ」領域でのコミュニケーションについてそれぞれ学んでいきます。

本章で取り上げる行動の四角形の真ん中の「問題なし」領域（図7参照）は、自分も相手も困っていない、嫌でない、誰も問題を抱えていない状態です。気持ちは穏やかで、平静な状

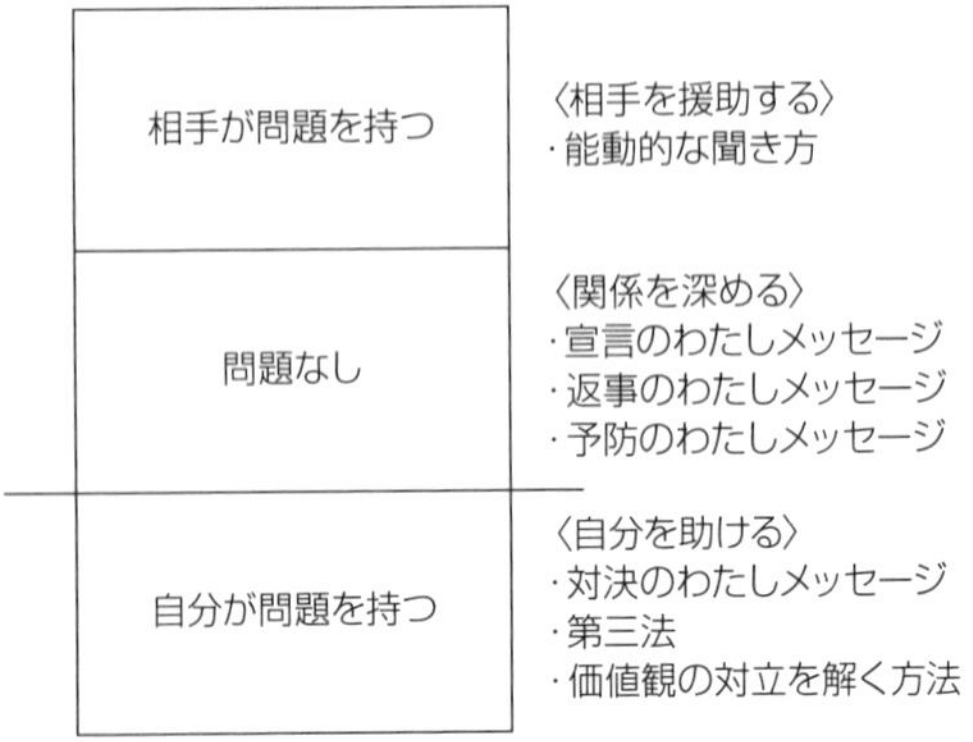

図6　行動の四角形とコミュニケーションスキル

態です。この領域が増えれば増えるほど、お互いにわかり合うことができ、信頼関係も深まります。仕事上では教えたり、学んだりすることが一番効果的にできる状態です。また、お互いがリラックスしているこのタイミングでこそ、自己表現を積極的に行い、相手に自分を理解してもらうことでさらに深い信頼関係を築くことができます。

4・1　自己表現とは

自己表現とは、自分の内面に起きていることをわかりやすく言葉にしていく作業です。自分の内面を相手に語ることで、実は自分自身の欲求、意見、気持ちを深く見つめることにもなります。他者に向かって自分を表現することで、自分をよりよく知ることになるのです。そうすることで、自分の感じているとおりに行動できるようになります。考

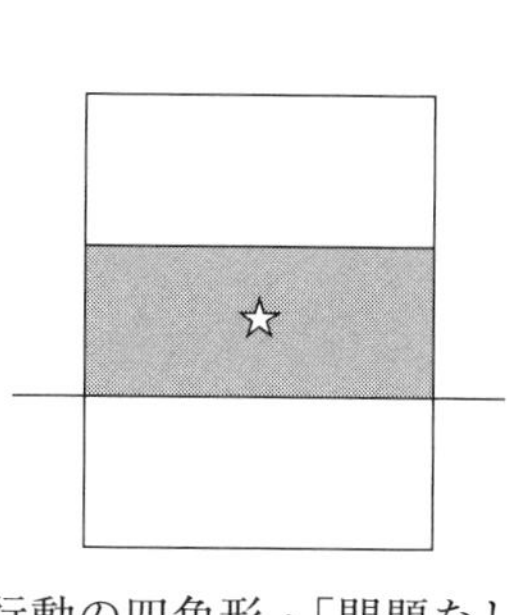

図７　行動の四角形・「問題なし」領域

えていることを人に伝えることと、ただ自分の頭の中だけで考えていることではプロセスが違うことに気付いているでしょうか。

例えば、敬子さんはちょっとした問題を抱えています。得意先に出したメールの返事が来ないのです。頭の中に様々な考えが浮かんできます。「いつもすぐに来る返事がまだなのは、PCのトラブル?」、「相手が出張中? それとも急病?」、「この間の仕事のミスを怒っているから?」、「あのメールが届いていないとなると、納期が先になることが伝わっていない…」、「信用できない人間だと思われたらどうしよう…」などと、頭の中で考えていると不安な思いや心配がどんどん膨れ上がってきます。結果や相手の反応を勝手に想像しているからです。そこで敬子さんは同僚に話してみることにしました。

敬子さん「W社からいつもすぐに来るメールの返事が来なくて、心配なの」
同僚「いつ出したの?」
敬子さん「昨日」
同僚「もう半日待ってみたらどう?」
敬子さん「私って心配性ね」

同僚　「心配性というより、責任を持って仕事してる感じよ」
敬子さん「自分だったらメールの返事はその日のうちに出すって決めてるから、他の人もそうするって思い込んでるのかも…」

敬子さんは自分以外の人に話すことで、自分の思い込みに気付き、頭の中の心配の連鎖が止まりました。このように、他者に話すことで頭の中の考え自体が変化し、不安が解消し、結果は全く違ったことになったという経験は誰にでもあるのではないでしょうか。敬子さんは話すことで、自分の心配性な一面に気付くことができたのです。

自己表現を続けることによって、「今、ここ」を生きることができるようになります。自分をしっかり見つめることで、今自分が何を感じているか、何を望んでいるかがわかれば、自分の欲求を満たすことができます。自分が自分自身と対話することで、過去や未来

に縛られずに今に集中することができるのです。

また、あなたが率直に正直に自分の気持ちや欲求を表現することで、周りの人はあなたが何を望んでいるかがわかりやすくなるので、周りの人もあなたを援助したり、協力したりしやすくなります。特に家族や身近な人が相手だと、言わなくてもわかるはずと思い込むことがありますが、やはり伝えなければ正確にはわかり合えないものです。

それに加え、自分を偽ったり隠したりせずに正直に率直でいると、自分自身が心地よく自己尊重感も高まります。周りの人もあなたが何を考え、何を求めているのかを探る必要がないので、気を遣わずにあなたと接することができるようになります。相手もまたあなたに心を開きやすくなり、本音で語り合えるような関係を築きやすくなるのです。

ただ、自己表現をすることのリスクもあります。特に、あなたが今まで前出のコミュニケーションのスタイルのうち「引っ込み型」で人と接してきたとしたら、相手との意見の違いや対立が表面に現れやすくなりますので、人間関係が悪くなったと感じることもあるかもしれません。今まで自分の欲求を後回しにして、相手の望むように合わせていた人が自分の考えや思いや欲求をはっきりと口にするわけですから、相手は戸惑いますし、譲ってくれることを期待していたのに、と思われてしまう場面もあるでしょう。

自分がどんな人間関係を望んでいるのか。自分を押し殺してでも相手によく思われる生き方を選ぶのか。その結果ストレスがたまったとしても、その人間関係を維持するかはあなたの選択に任されています。

4・2　私が主語の自己表現―「宣言のわたしメッセージ」

相手も自分も「問題なし」領域である時にこそ、お互いのコミュニケーションは豊かになり、教えたり、学んだり、ともに楽しんだりするのに適しています。ゴードン・メソッドを活用する一つの目的は、この「問題なし」領域を広げることなのです。この領域を広げることは、信頼関係のパイプを太くすることとも言えます。職場に当てはめれば、この「問題なし」領域が広くなることで「報告・連絡・相談（ほうれんそう）」がしやすくなる環境が整います。

この「問題なし」領域にある時には、自分を積極的に知ってもらうために、自己表現が大切になります。ゴードン・メソッドでは自己表現を、〝私〟を主語に語る「わたしメッセージ」という形で学びます。「わたしメッセージ」は私自身の心の中を表現しますので、相手を評価したり、判断、解釈したりせずに、私について説明するものの言い方です。自分が感じるままを語るので、言葉、表情、身振りなどが調和し、一致しています。内外一致、すなわち心の中と外に表現されること（言葉、顔の表情、声のトーンなど）にずれがなく一致しているので、誤解なく、わかりやすく相手に伝わります。この「わたしメッセージ」は、場面に応じて「宣言のわたしメッセージ」、「返事のわたしメッセージ」、「予防のわたしメッセージ」、そして「対決のわたしメッセージ」の4種類があり、この章ではこのうち「問題なし」領域で用いる三つについて説明していきます。まずは、相手に関係なく自分自身の気持ち、考えなどを率直に1部構成で語る「わたしメッセージ」である「宣言のわたしメッセージ」をご紹介します。

この「宣言のわたしメッセージ」は、自分の考えや好きなこと、嫌いなこと、感情、意志などを相手に伝えるものです。「宣言のわたしメッセージ」を使うことで、他者はあなたのことをよく知り、理解するようになるので、相手も率直な態度で接しやすくなります。お互いが率直に語り合えれば、人間関係はより深くなります。親しい人、仲のよい人には普段からこのような話し方をしているのではないでしょうか。

「今日はとっても気分がいいんです」、「今は悲しい気分です」、「家族と過ごす時間を大切にしています」、「自由な意見交換は楽しい」、「手伝ってくれてありがとう」、「会えてうれしかった」、「座学の講義は退屈だな」、「サッカーが大好きなんだ」、「今日の会議の進行は気に入ったな」、「実は飛行機が苦手なんだ」…。

このように「宣言のわたしメッセージ」は、相手に関係なく、自分個人の考えや気持ちなどを伝えますので、相手からの反感や抵抗はほとんどありません。とはいえ、時には相手と感じ方が違うために抵抗や反発があるかもしれません。そんな時には、相手の意見や思いにも目や耳を傾ける必要があります。

4・3　抵抗や反発があった時の対応

「宣言のわたしメッセージ」は抵抗や反発を受けにくい話し方ですが、時には考え方の違いや感じ方の違いが鮮明になり、相手が不快感を抱くことがないわけではありません。相手から反発や抵抗を示す言葉や態度、表情をキャッチしたら、話すことから聞くことに気持ちをきりかえる必要があります。

A「今度の新しいプロジェクトはうまくいきそうで、ワクワクするな」
B「とんでもないよ！　あんなプロジェクトが始まったら、仕事が増えるだけで憂鬱《ゆううつ》だ」

妻「子どもが産まれたら、仕事を辞めようかと思ってるんだ」
夫「勝手に決めるなよ！」

部下「昨シーズンのプロ野球は楽天が巨人に勝って日本一になりましたね。僕は楽天の大ファンなんです」
上司「…（不快な表情）」（実は熱烈な巨人ファン）

このような時に自己表現を続けると、相手の感情が高ぶってしまい、気まずい雰囲気になりかねません。相手が抵抗しているのに自分の意見や思いを主張し続けると、相手は攻撃されたように感じたり、無視されたように感じたりして、ますます防衛的になる可能性が高くなります。「あなたがどう感じようと、私はこう感じる」ということを押し付けられたように聞こえてしまうのです。

抵抗や反発の仕方は人それぞれです。言語で行われる時には「言い返す」、「語気を強める」、「皮肉を言う」、「からかう」、「話題を変える」、「黙る」、「賛同しない」などがあります。言語以外の抵抗や反発は「静かになる」、「悲しそうだったり、傷ついた様子を見せる」、「泣く」、「びっくりしたり、ショックな表情や態度を見せる」、「笑う」、「目をそらす」、「その場からいなくなる」などがあります。

自分が自己表現をしたら、今度は相手の気持ちや意見に耳を傾けることを心がけることが「率直型」になるための鉄則です。「私は私の価値観や思いがありますが、あなたの価値観や思いも尊重したいと思っています。だから今度はあなたの話を聞きます」と態度で示すことになるのです。一度で抵抗が収まるとは限らないので、何度か耳を傾ける必要があるかもしれませんが、相手の話を聞いたからと言って、あなたの価値観や思いを捨てることにはなりません。それどころか、あなたの価値観や思い、欲求を満たすためのチャンスをつくる大切なポイントですので、是非「きりかえ」を身につけておきましょう。自分と相手のバランスをとることで、効果的なコミュニケーションが実現し、相手との信頼関係を深めることになります。

4・4 「きりかえ」――「能動的な聞き方」

相手の抵抗や反発に対する「きりかえ」の効果的な方法に「能動的な聞き方」というものがあります。この「能動的な聞き方」は相手の言ったことを反映することで、相手の話を聞いているということを相手に知らせると同時に、自分が相手の言ったことを正確に理解しているかどうかをチェックできる特別な聞き方です。

前節の例にあるAさんとBさんの会話を図を使って説明してみましょう。図8は、コミュニケーションの基本的な構造を示しています。私たちは相手に何かを伝えたいと思ったら、心や頭の中にある思いや考えを外に出さないと伝わりません。そこで中にあるものを外に出す手段として「記号化」をします。この「記号化」は言語だけでなく表情や態度なども含まれます。受け手は送られた記号を「解読」しますが、この「解読」が正しいかどうかは相手に確認してみなければわかりません。この確認のことをフィードバックといい、これが「能動的な聞き方」なのです。

Bさんの抵抗や反発は「とんでもない！　あんなプロジェクトが始まったら、仕事が増えるだけで憂鬱だ」という意見や思いを「記号化」してAさんに送っています。Aさんはその記号を「憂鬱な思いを持っている」と解読しました。そこで「君はとんでもないと思ってるし、むしろ憂鬱なんだね」とBさんの思いを確認するのです。相手から「そうなんだよ」という返事があれば、あなたの解読が正しかったことになります。万が一、解読が間違っていたら「そういうことじゃなくて…」と、相手はもっとわかりやすい記号を送りたくなります。確認のフィードバックをすることで、会話が続くのです。

「能動的な聞き方」とは「あなたの言いたいことはこういうことですね。私はこのように理解しましたがそれで正しいですか」と確認をとる聞き方です。それによって、Bさんは自分の意見や言い分をAさんに理解されたと感じるので、Aさんに対する抵抗や反発の感情が緩和されるのです。

「能動的な聞き方」ができると、どのような会話に

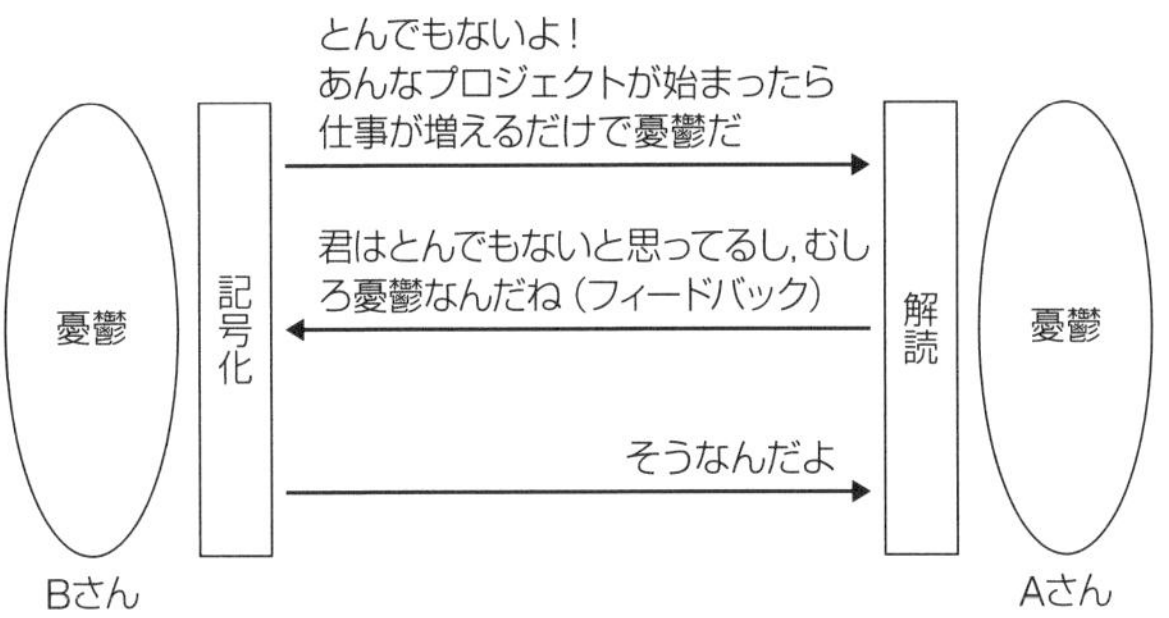
とんでもないよ！
あんなプロジェクトが始まったら
仕事が増えるだけで憂鬱だ
君はとんでもないと思ってるし，むしろ憂鬱なんだね（フィードバック）
そうなんだよ
憂鬱
記号化
解読
憂鬱
Bさん
Aさん

図８　コミュニケーションの図式

なるか見てみましょう。中野さんは職場である作業の効率を見直す努力をしています。思いついたアイデアを「宣言のわたしメッセージ」で先輩に伝えました。

中野さん「作業工程のチェックリストをつくり直そうと思ってるんです」（「宣言のわたしメッセージ」）
先輩「今のチェックリストじゃ不十分だって言いたいのか！」（抵抗）
中野さん「僕が今のチェックリストが不十分だからつくり直すと思ったんですね」（「能動的な聞き方」）
先輩「今のチェックリストは俺がつくったんだよ！」（まだ抵抗）
中野さん「先輩がつくられたチェックリストに僕が不満でつくり変えると思ったのですね」（「能動的な聞き方」）
先輩「つくり直すっていうのはそういうことだろう…」（抵抗が下がる）
中野さん「先輩、違うんですよ。内容はとてもわかりやすくて助かってます。ただ、作業される皆さんが高齢化して、細かい字が読めないんですよ。だから字を大きくしたら見やすいかなと思って」（「宣言のわたしメッセージ」）

先輩「なんだ、そういうことか。中野も気が利くようになったな」

いかがでしょうか。中野さんは職場のためになることを考え付いて自分の考えを話しただけなのに、思わぬ先輩の抵抗に遭いました。中野さんは話すことから聞くことにきりかえて「能動的な聞き方」ができたことで、先輩の抵抗がおさまり、誤解も解けました。もちろん、意見が食い違ったまま対立が起きることもあるかもしれません。対立した時の対応については本書の後半でお伝えします。

また、この「能動的な聞き方」は、

行動の四角形で「相手が問題を持つ」領域に相手の行動を整理した時の援助にも効果的です。この点については第6章で説明します。

このように自己表現は相手の思わぬ反発をかうことがありますから、「能動的な聞き方」で「きりかえ」を忘れないことが重要です。特に、この後にお伝えする「返事のわたしメッセージ」、「予防のわたしメッセージ」、「対決のわたしメッセージ」は、相手がかかわり、抵抗や反発に遭うことが多くなりますので、「能動的な聞き方」による「きりかえ」の重要性はさらに増します。

4・5　私が主語の自己表現—「返事のわたしメッセージ」

組織の中で生活するうえでは、組織の一員として何らかの義務を負うのは当然ですが、組織の欲求と個人の欲求とのバランスをとる必要があります。何でもかんでも「はい」と引き受けてしまうことで、かえって責任を果たせない事態になることもあり得ます。

なぜ私たちは「いいえ」と言いたい時に「はい」と言ってしまうのでしょうか。これは簡単に言ってしまえば、「はい」と言ってしまった方が楽だからです。特に組織の中では反射的に「はい」と答えることが習慣になってしまってはいないでしょうか。

自分が何をしたいのか、それはなぜなのか、どうしたらできるのかをしっかり考えないままに何でも引き受けることは無責任とも言えます。「いいえ」と断りたい時に引き受けてしまう根底にはいくつかの理由がありますが、その理由と例を表２に

表２　断れない理由と例

理由	例
驚き	急なことで自分の気持ちが分からないままに引き受ける「まあ，何とかなるか…」
喜ばせたい	「私が引き受ければ喜んでもらえる」
認められたい	「上司に気に入られて，認めてもらいたいんだ」
人を傷つけたくない	「断ったら相手が傷つく」
損や罰を恐れる	「上司にまた怒られる」
後ろめたい	「自分勝手な私はわがままなのかも」
権威への服従	「上司が正しいに決まってるから，言うとおりにしなければ」
交換条件	「お互い様だから仕方がないし，次は助けてもらえるかも」
社会通念に従う	「こんな場面で断ったら，世間からどう思われるかわからない」
相手の身になる	「自分もこんな時には承知してほしいから」
義務感	「これは夫の義務だから」
犠牲的精神	「私さえ我慢すれば…」
権力志向	「出世できるチャンスかも」

示します。

このような理由から、断りたい時につい「はい」と引き受けてしまうことがありますが、後で落ち着いて考えてみると自分の望みや欲求は満たされないと気が付き、相手に対して恨みや怒りの感情がわき起こってくることさえあります。

例えば、「今晩、君の家にちょっと寄ってもいいかな?」、「次の日曜日に車貸してくれない?」、「小遣いが足りなくなっちゃってさ、1万円貸してくれない?」などと急に言われたらどうでしょうか。誰から頼まれたかにもよりますが、急に言われることで、よく考えもせずに好意的な返事をしなければいけないと、とっさに「はい」と引き受けてしまうことがあります。しかし、こんな時には「ちょっと考えさせてください。あとでお返事しますから」とか、「家族とも相談したいから、できるだけ早く返事するね」とひとまず答えて、自分の気持ちをよく考えてみることもできます。

時間をとって考えることで、自分の本当の欲求や気持ちに気付き、率直かつ正直に返事ができればお互いにすっきりしますし、案外、断られた相手もあなたの真意を探ったり、気を遣ったりせずに済むことの方が多いのです。

何かを頼まれ、それを断りたい時にも私を主語にした自己表現で伝えた方が効果的です。このような時に用いる「返事のわたしメッセージ」は２部構成にするとすっきり伝わります。

1．自分の意志　「私はしたくありません」、「お断りすることにしました」など
2．断る理由　時間、エネルギー、お金が余分にかかるなど物理的な負担
　　　　　　精神的な負担、退屈感、疲れなど

意志を伝える時に「できない」、「今は忙しい」などと表現すると、自分の意志ではなく他からの圧力があって答えていると受け取られることがあります。「できないです」と言うと「なぜできないのですか」とか、「今は忙しい」と言うと「いつならできますか」などと質問されて、ますます断りづらくなります。私のはっきりした意志だとは受け取られていないために、ごまかしている、信頼できないという誤解が生じているのです。ですから、率直にきっぱりと自分の意志が伝わるような表現をする必要があります。

そして、なぜそう決めたかの理由を説明することで、自分勝手、礼儀知らず、攻撃的などの相手の誤解を避けることができます。親しい間柄でなければ理由を伝えなくても断る意志だけで十分なこともあると思いますが、理由を伝えることで「私はあなたの要求に応えないことにしました。でも、私はあなたとの関係を大切にしたいと思っている

し、あなたが私の断る理由を尊重してくださると信じています」という姿勢が伝わります。理由を伝えることで自分自身の気持ちを確認でき、自分自身をさらに深く知ることにもなるのです。

「しばらく飲み会には参加しないことにしました（意志）。実は今、全力で取り組んでいる資格試験がもうすぐあるんです。飲むと眠くなっちゃって勉強できないんです（理由）」

「お金の貸し借りはしないことにしています（意志）。そのことで人間関係を壊すことは避けたいからです（理由）」

「ランチのお誘いはお断りしているの（意志）。今、ダイエット中で外食すると、どうしても食べ過ぎちゃうの（理由）」

このような偽りのない、はっきりした表現をする方が相手に理解されやすく、相手も受け入れやすいものです。誤解がなく安心感を与えます。率直で正直な表現をするあなたを尊敬し、裏表がない人間だと好意的に思われることの方が多いのです。何よりも「いいえ」と断っても大丈夫、理解してもらえる相手だと、私が信頼していることが相手に伝わるとよりよい人間関係ができやすいのです。

もちろん、このような効果的な表現をしても、相手が否定的な反応をすることもあるでしょう。特に、今まであなたが、いつも「はい」と引き受けていた場合にはなおさら抵抗や反発が生まれるかもしれません。そんな時には、前述の「能動的な聞き方」で相手の抵抗や反発に耳を傾ける「きりかえ」が大切であることを説明しました。どんな自己表現にも抵抗や反発があったら、相手の言い分に耳を傾けることが率直型のコミュニケーションのポイントです。

先輩から休日出勤を代わってもらえないかと言われた中野さんは、「返事のわたしメッセージ」ですっきりと返事をすることができました。

先輩「中野君、悪いけどさ、再来週の日曜の休日出勤を代わってもらえないかな」
中野「再来週ですか…。実は、その日はコンサートに行く予定で、チケットの代金も支払ったので、申しわけありませんが無理です」
先輩「そうか…。チケット代を払ってもダメかな？」
中野「チケット代を払ってでも代わってもらいたいと思ってるんですね」
先輩「そうなんだよ！　ちょっとね…困ってるんだ」

中野「相当お困りなんですね。僕もできるならと思うのですが、今回のコンサートチケットは抽選ですごい倍率だったので、あきらめられないです。今回ばかりは申しわけありませんがお断りします」
先輩「そうか。わかった。じゃ、他を当たってみるよ」

また、「返事のわたしメッセージ」は断る時だけでなく、引き受ける時にも使うことができます。筆者である私も先日、「返事のわたしメッセージ」で研修への参加をお引き受けしました。

Wさん「○月○日に私が主催して△△研修会を開催するんだけど、思ったより参加者が少なくて困ってるの。瀬川さん参加しない？」
瀬川「○月○日はちょうどスケジュールが空いてます。私、前から△△の勉強をしてみたいと思っていたんですよ。喜んで参加させていただきます」

「はい」と引き受ける時にも理由を添えることで、心からそうしたいという思いが伝わります。依頼した相手に、いやいや引き受けたのではないということが伝わり、無用な誤解や気遣いを避けることができます。

4・6　私が主語の自己表現―「予防のわたしメッセージ」

他の人の協力が欲しい時に前もって知らせる効果的な自己表現に「予防のわたしメッセージ」があります。自分の欲求や希望、目標を実現していくためには周りの人の協力が欠かせませんが、他の人に協力や援助を求める時に、それを前もって伝えておくことができれば、対立や誤解を防ぐことができます。知らせておかなかったことで起きるトラブルも予防できる大変便利な自己表現です。

効果的な「予防のわたしメッセージ」は、２部構成で伝えます。

1．自分の欲求　自分が何を求めているのかを明確に
2．理由　　　　なぜそうしたいのか、どんな結果を思い描いているのか

この自己表現は、自分が何を求めているのかを自分自身がきちんと理解していなければ人には伝えることができません。自分の欲求、願い、希望が実現せずに、人生がうま

くいかないと感じている時など、つい「運がないから」、「上司や同僚に恵まれないから」と人のせいにして、言いわけをしたくなることがあります。人生がうまくいかないように感じ、挫折感や欲求不満に陥ってしまうのは、自分の満たされない思いや欲求を正直に口にできないことも原因の一つではないでしょうか。

また、挫折感や欲求不満に陥っている時に、ついつい相手を攻撃するような物言いになることもあるのではないでしょうか。例えば共働き世帯の妻が、家で夫に「男は家事や子育てをしなくていいから気楽よね！」などと責めるような攻撃的な言い方をしてしまう時の本当の欲求は何でしょうか。例えば「たまには一人の時間がほしい」、「家事から開放されたい」、「もっと自分の勉強に時間をかけたい」というのが根底にある欲求だと気付くことができれば、相手に自分の欲求や思いを正直に伝えてみることで、望みがかなう確率が高まるのです。

「私、今週は家事や育児の時間を減らして、勉強する時間を増やしたいの（欲求）。どうしても来週の資格試験に合格したいから（理由）」と前もって夫に伝えておけば、夫は妻の事情を理解しやすく、何らかの協力が得られる可能性が出てきます。上手に自分を表現する機会ができると、周りの人たちが自分に協力的になってくれることを実感できる機会が増えます。周りの人たちは自分が思っている以上にあなたを支え、協力してくれる存在であるということにも改めて気付くことができます。周りの人も言われてはじめて「そんなふうに感じていたなんて知らなかった」と気が付くことが多いのです。

「予防のわたしメッセージ」はこれから起きそうな対立やトラブル、あるいは相手に知らせておかなかったために起きる対立やトラブルを未然に防ぐためにあらかじめ自分の意向を伝えておく場合など、様々な場面で役立ちます。例えば、職場においては、「○日の会議で何を話されるのか知りたいんです（欲求）。そうすれば必要なものを今から準備できますので（理由）」と伝えておけば、当日焦らずに済みます。

「来週の予定を、今知りたいんです（欲求）。予定がかち合っているところの調整がしやすいので（理由）」と伝えれば、慌てずに余裕を持って対処できます。

「営業先から何時に帰社するかメモを残してほしいのです（欲求）。そうすればお客様からのお電話にきちんと返事ができますから（理由）」と伝えれば、あとで相手を責めずに済みます。また、家庭においても

「今度の休みは家でゆっくりしたいんだ（欲求）。最近とても疲れていて、出かけると休み明けの仕事がきついんだ（理由）」と伝えることで、休みの日に家族から「どこに

も連れて行ってくれない！」と非難されることもありません。

この「予防のわたしメッセージ」にも相手の抵抗や反発を招くことはありますので、「能動的な聞き方」で「きりかえ」を忘れないことが大切です。

次の会話は私の講座を受講された嶋田由香さん（仮名）が実践した「予防のわたしメッセージ」です。「きりかえ」がうまくできています。


由香「実は3月いっぱいで退職したいんです（欲求）。夫が地方に転勤が決まったので（理由）」（「予防のわたしメッセージ」）

上司「えっ、びっくりだな。あと2か月!!　引継ぎができるのかな…」（抵抗）

由香「急なことで、びっくりされたんですね。それにあと2か月で引継ぎができるかもご心配なんですね」（「能動的な聞き方」）

上司「そうだよ。Cさんに引き継ぐことになるんだろうけど、彼も今手一杯だからね」

由香「Cさんが手一杯な状況が心配なんですね」（「能動的な聞き方」）

上司「そうだね…。嶋田さんには期待してたんだよ。まぁ、無理は言えないね」

由香「ありがとうございます。本当に、私も急なことで申し訳なく思っているのですが、子どもの学校のこともあり（理由）、夫と一緒に転勤先に4月初めには引っ越したいのです（欲求）」（「予防のわたしメッセージ」）
上司「わかりました。Cさんとも相談して、対処していきましょう」
由香「ありがとうございます。そう言っていただいて、私もほっとしました」
（「宣言のわたしメッセージ」）

このようなやり取りができると、お互いに気持ちがよいですね。

●第4章のポイント

☆自己表現とは
自分の内面に起きていることを言語化することで自己理解も進む

☆「宣言のわたしメッセージ」
私を主語に1部構成…自分の気持ち・考えを伝える

☆「返事のわたしメッセージ」
私を主語に2部構成…自分の意志＋断る理由

☆「予防のわたしメッセージ」
私を主語に2部構成…自分の欲求＋理由

第5章
行動の四角形の「自分が問題を持つ」領域でできること

第4章に続き、この章では、行動の四角形の下にある「自分が問題を持つ」領域（図9参照）に相手の行動を整理した時に何ができるかについて順を追ってお伝えします。この領域には、相手がしたり、言ったりすることで自分が嫌だ、困った、気になる、何とかならないかと思う行動が分類されています。そんな時に、私たちはついつい感情的になり、一方的なものの言い方をしてしまいがちです。

前章でお伝えしてきた三種類の「わたしメッセージ」による自己表現の仕方は、どれも自分の思いや考え、欲求を正直に率直に表現するものでした。相手の感情や行動を批判したり、非難したり、判断したりせず、心の中にあるものをそのまま他者に伝えるので、内外一致しています。

しかし、相手の行動が嫌だと思った時には、「私」を語らずについ相手を責めたくなります。一方的な言い方は「あなた」、つまり相手を主語にしているので、自己表現に

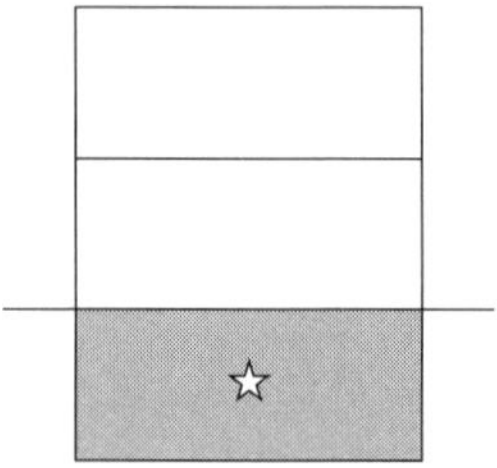

図9　行動の四角形・「自分が問題を持つ」領域

なっていないことから誤解が生まれ、相互理解を阻む可能性が高いのです。

5・1　攻撃的な「あなたメッセージ」

普段、私たちは自分の感情や欲求を伝えようとする時に、ついつい相手をやっつけたり、非難するような言い方をしてしまいがちです。日本語は主語があいまいで、いちいちあなたとは言わないかもしれませんが、「あなたのせい」、「あなたが悪い」、「あなたの配慮が足りない」というような伝え方をしてしまうことが多々あります。相手が主語になるような物言いになりますので、このような表現をゴードン・メソッドでは「あなたメッセージ」と名付けています。

「(あなたは) 決める前に僕に相談すればよかったのに」
「(あなたは) 何で毎回遅刻するの」
「(あなたは) 約束を守らないなんて、何て無責任なの」
「(あなたは) 何でも自分一人で決めて、思いやりがないんだから」
「(あなたは) どうして電話の一本がかけられないんだ」

日頃の会話の中には「あなたメッセージ」があふれています。自分の心の中にあることを正直に言っているつもりが、実は自分の気持ちは語らずに相手に責任転嫁したり、非難するような言い方に慣れてしまっていると言ってもいいでしょう。自分の本当の欲求や気持ちに気付く間もなく「あなたメッセージ」が口から出てしまいます。

特に、相手の言ったことや行動に対して、私が嫌だ、困ったと問題を抱えた時にはなおさら相手のことを責めたくなります。

しかし、これでは自分の本当に伝えたいことは伝わらず、誤解や反発が生まれてしまいます。自分の本当の気持ちに目を向けずに、相手を決めつけたり、非難したりしていると、

決める前に
相談して!
なんで毎回
遅刻するんだ
約束を
守らないのは
無責任だ!
思いやりがない!
あなた
メッセージ
あなた
メッセージ

自分を知り、自分の本当の姿を理解する自己理解のチャンスを逃すことにもなります。自分が何を感じているのかを自覚し、率直に自己表現できる力をつけることがよりよい生き方の実現につながるのです。

5・2　「自分が問題を持つ」時の自己表現──「対決のわたしメッセージ」

前章で紹介した自己表現は、行動の四角形の「問題なし」領域に相手の行動を整理した時に効果的な伝え方でした。今度は、行動の四角形の一番下の「自分が問題を持つ」領域に相手の行動を整理した時の対応についてお伝えします。

この領域での自己表現に効果的なのが、四つ目の「わたしメッセージ」である「対決のわたしメッセージ」です。相手がしたり、言ったりしていることが受け入れられず、嫌だ、困った、不快だ、気になる、何とかならないのかと感じる相手の行動に対しても「あなたメッセージ」ではなく、私を主語にした自己表現で相手と向き合います。しっかりと相手と向き合う自己表現なので「対決のわたしメッセージ」と呼んでいます。「対」面し、「決」心して本音を伝えるメッセージです。

この「対決のわたしメッセージ」は3部構成とするのが効果的です。

1．行動　見たり、聞いたりした事実

2．影響または理由　相手の行動によって被る私への具体的な影響

3．感情　私の率直な気持ち

相手の行動が私に影響を与え、その結果私が否定的な感情を持っていることを直接、「ほんもの」（嘘やごまかしなく、感じたことをそのまま）で伝えますので勇気がいるかもしれません。しかし、これはお互いの望んでいることを尊重し合うコミュニケーションの土台になるものの言い方です。「あなたメッセージ」に比べると相手の自尊心や相手との関係を傷つけることが少なく、自分の自尊心も高めます。1．から3．の順番は変えて構いません。

3部構成のそれぞれの要素についてもう少し詳しく説明します。

（1）行動

自分が見たり、聞いたりした事実を取り上げます。態度や性格など自分の判断や評価を含めずに事実のみを表現します。両者の違いを次の表3で比較してみてください。

なお、「ファイルを片づけない」という表現にも注意が必要です。「～ない」のような

表現になると、していない行動（目に見えない）を指摘されるわけですから、相手は「片づけなさい」と指示されたように感じ取って抵抗や反発を感じてしまうことがあります。「ファイルが違う場所に置いてある」など見たままの事実を表現すると相手の抵抗感がやわらぎます。

（2）影響または理由

相手の行動が私にもたらす結果について、具体的に述べます。その行動がどのように私に影響し、私の妨げになっているかを表現するのです。私の時間、エネルギー、お金を奪ったり、私のしたいこと、欲求を妨げたり、私を疲れさせたり、私に苦痛や不快感を与えたり、私を肉体的に傷つけるなど、具体的であればあるほど相手は納得します。なお、精神的な影響も伝えることはできますが、相手の納得を得るのは少し難しいかもしれません。心配、不安、恐れ、がっかり感などの心理的影響を伝えても、相手からは

表3　判断したとらえ方と事実の違い

あなたの判断や評価が入っている	見たまま，聞いたままの事実
思いやりがない態度だ	夜中に電話する
自分勝手な行動をする	行き先を告げずに外出する
怒りっぽい言い方をする	大きな声で「○○しなさい」と言う
だらしないことをする	ファイルを所定外の場所に置く

「そのような感じ方をしなければいい」と抵抗や反発が生まれやすいのです。

例えば、上司から急に明日までに資料をつくってほしいと頼まれた時の「対決のわたしメッセージ」で比べてみましょう。

「急に明日までに資料をと言われても（行動）、出来上がるかどうか心配で（影響）、困ります（感情）」

目に見える具体的な影響ではないので、何に困っているのか理解できません。「心配している暇があったら、さっさとやりなさい」と反発されそうです。

一方、影響や理由が具体的であれば相手の納得度が高くなるので、相手の行動が変わる可能性が高くなります。

「急に明日まで資料をと言われても（行動）困ります（感情）。来週で大丈夫と言われていたので…。データを集めるのに最低でもあと3日はかかりますし、今の急ぎの仕事ができなくなりますから（影響）」

最初の返答と比較してどうでしょうか。精神的な影響よりは、具体的な状況も理解でき、譲歩しようという気持ちになりやすいと思います。

（3）感情

相手の行動に対して自分がどのように感じているかを伝えるのは勇気が要りますが、この否定的な感情を抑えつけてしまうと、正直でないばかりか、何が言いたいのかわけのわからないことになります。ここで重要なのは、自分の正直で率直な気持ちの強さに合致した感情表現を選ぶことです。強い感情がわき起こっているにもかかわらず、やわらかな表現をしてしまうと、相手は「大したことではない」と感じて取り合ってくれません。

逆に、必要以上に大げさな感情表現も不適切です。「誇張して言っているから半分ぐらいに受け取っておけばいい」という相手の態度を引き出してしまう可能性があります。感情表現は内外一致で行うことがポイントです。

しかし、自分の感情をそのままに認識することは、案外難しいものです。特に相手の行動が嫌だ、許せないと思うと怒りの感情が大きくなります。この怒りに関して、ゴードン・メソッドでは、心の底にある最初の感情ではないと考えています。怒りの下には「恐れ」、「心配」、「悲しみ」、「拒絶」、「苦痛」、「困惑」、「不安」、「傷つく」などの感情があり、このような感情を私に与えた相手を罰する行為が怒りだと考えているのです。

職場の例からは離れますが、例えばあなたのパートナーがあなたに相談なしに高価な買い物をしたら「何で相談もなしに勝手に買うの！」、「ひどい！」と怒りの感情がわき上がることでしょう。でもなぜ怒りがわき上がるのかを冷静に見つめてみれば、自分の意見が無視されたことが「悲しい」、「情けない」という感情が根底にありませんか。自分の意見を無視した相手を罰したいという思いを無意識に怒りとして表現しているのです。

怒りを表現してはいけないということではありませんが、怒りのメカニズムを知っていることで、自分が本当は何を感じているかを知ることができます。怒るのはよくないことだ、人を傷つける感情だから抑えなければいけないと思い込んでいる人も、奥底にある「悲しみ」、「不安」などの最初の感情に気付き、その感情を表現することができれば、相手を傷つけるどころか、わかり合えるチャンスにもなるのです。

5・3 「対決のわたしメッセージ」が効果的な理由

あなたメッセージに比べて、「対決のわたしメッセージ」が効果的なのは、相手の行動が私に具体的な影響を与えていることが相手にはっきりわかるからです。そして、感じている人が自分の感情を正直に表現するので、相手は私の感情に対しては否定しようがありません。よって、相手がその行動をとり続けたいという強い欲求がなければ、私に協力しようという気持ちになりやすいものです。必ずしも私の望んだ解決策どおりになるとは限りませんが、自分では思いもよらない解決策が相手から出てくることもあります。

相手の行動を非難するような「あなたメッセージ」では、相手も私の本当に感じていることを解読することが難しいことが次の図10及び11でわかります。

例えば、上司であるあなたがひどい頭痛で気分が悪く、休憩時間にゆっくり休みたいと思っている時に、部下たちがサッカーの話題で盛り上がって大声で話している状況を想像してください。

ここで、「あなたメッセージ」(「君たちうるさいんだよ！」)を用いてしまうと、自分が送った記号を相手が誤解して受け取る可能性が高いのです。

内部に感じていることをそのまま私を主語に記号化(「気分が悪くて休みたいんだ」)すれば、相手は解読がしやすくなり、誤解がなくなります。

また、私の欲求や感じていることがわかりやすく相手に伝われば、「静かにしなさい」

と解決策を与えなくても、相手は自らどうしたらよいかを考え始めます。この例の場合であれば、もしかしたら静かにする代わりに別の部屋か外へ行くかもしれませんし、あなたがゆっくり休めるように枕や毛布を用意するかもしれませんし、頼まれなくても薬を用意して持ってくるかもしれません。思いやりや考える力、想像力が育つ可能性があります。「ああしろ、こうしろ」と解決策を常に押し付けていると、相手は自分で考えることをやめて指示待ち人間になってしまう可能性があります。職場でも人材を育てる時に、理不尽な怒りを向けることは効率の悪い教育になる可能性が高いのです。

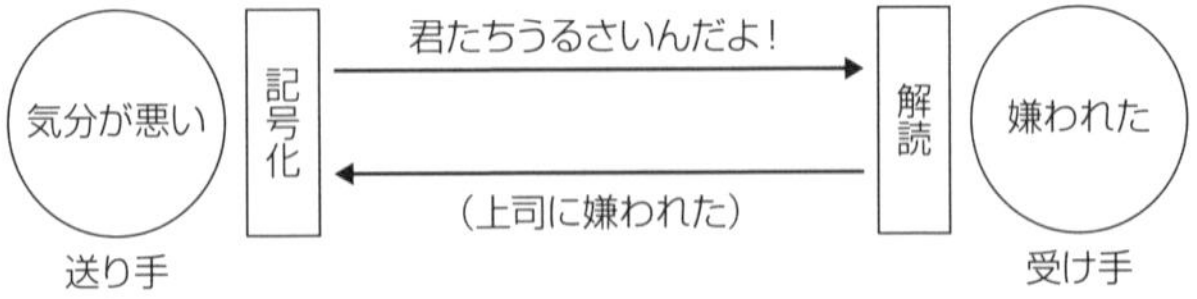

図 10　コミュニケーションの図式・「あなたメッセージ」

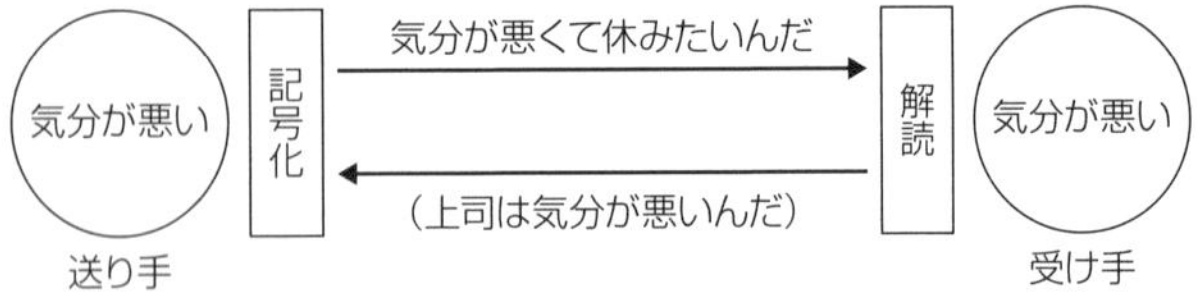

図 11　コミュニケーションの図式・「わたしメッセージ」

5・4 「きりかえ」の重要性

ここまでご紹介してきた四つの自己表現をした時に相手からの抵抗や反発があったら、必ず「きりかえ」をして「能動的な聞き方」で相手の言い分を聞くことを忘れないように強調してきました。特に「対決のわたしメッセージ」は、相手の行動を私は受け入れられないと相手に伝えるわけですから、どんなに配慮した三部構成の「対決のわたしメッセージ」を送っても、相手は多少なりとも抵抗を感じることが多いはずです。もしそうであれば、相手が感じている否定的な感情を発散させないと、相手の感情はどんどん高ぶることになってしまいます。「きりかえ」と「わたしメッセージ」を用いた場合の「時間の経過」と「相手の感情の興奮度」を示すと図12のようになります。

この図のように、もし「自分が問題を持つ」領域に入れられた相手の行動☆1（この場合は「ファイルを所定外の場所に置く」）に対して「対決のわたしメッセージ」を出した後に「きりかえ」をせずにいると、相手の感情は点線で示したようにどこまでも上に上がってしまいます。ここでは☆1に対して私が「対決のわたしメッセージ」を伝えたことで相手が「急いでいたんだ」と言いわけをするという新しい行動☆2が生まれました。私の言ったことで相手が問題を抱えたのです。したがって、私は自分の言ったことの責任を取り、相手の否定的な感情を解消する支援のために「行動の四角形」の「相手が問題を持つ」領域に相手の行動を整理する必要があります。相手の感情が下がるまで、相手の言い分に共感的に耳を傾けることができれば、相手にもあなたの言うことに耳を傾ける余裕が生ま

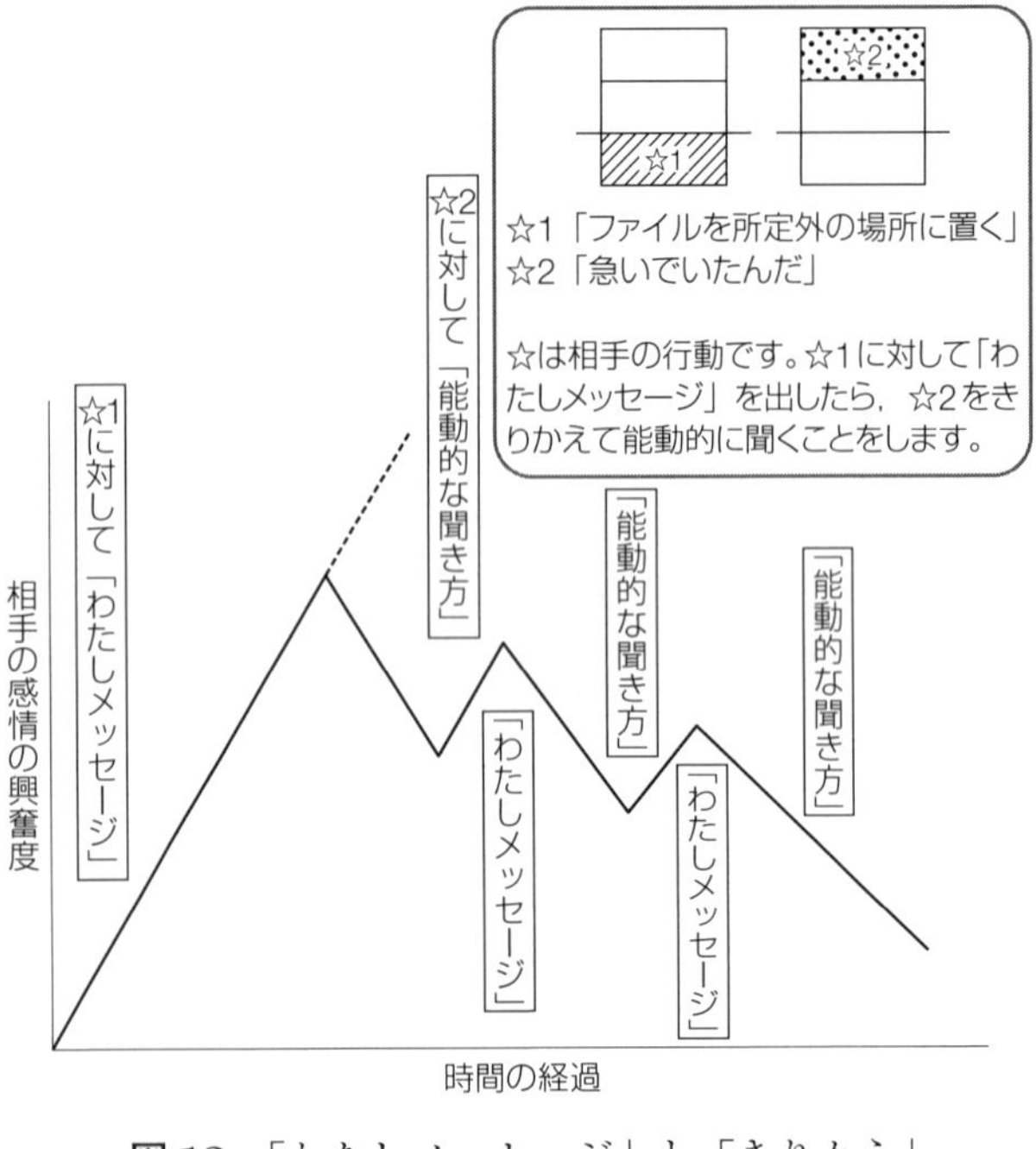

図 12　「わたしメッセージ」と「きりかえ」

れ、私の言い分を再度伝えるチャンスが巡ってきます。「話す」と「聞く」を繰り返すことで、相互理解が進む可能性が高くなるのです。

この一連の流れを会話の例で見てみましょう。

敬子「ファイルを所定外の場所に置かれると（行動）、私が使う時に探し回って時間がかかり（影響）、とても困るんです」（☆1に対する「対決のわたしメッセージ」）
田中「とても急いでいたんだよ…」（☆2）
敬子「急いでいて、戻す時間がなかったんですね」（「☆2に対する能動的な聞き方」）
田中「昨日は緊急の会議があって慌てて準備をしたから、つい会議室に置いたままになってしまったんだ」（☆3）

敬子「相当慌てていらしたんですね」（「☆3に対する能動的な聞き方」）
田中「そうなんだよ」
敬子「私も今日は急いでいたので、ファイルを探すのに時間がかかって大変だったんです」（☆1に対する2度目の「わたしメッセージ」）
田中「悪かったね。次から気を付けるよ」
敬子「そうしていただけると助かります」

敬子さんはゴードン・メソッドを実践することで、「きりかえ」の「能動的な聞き方」がどんどん上手になっていますね。

5・5　対立が起きた時には

私が自分の欲求に気付き、それを満たすために自己表現を積極的にするようになると相手の欲求と対立してしまう場面も出てきます。人間関係には対立がつきものです。私たちは、対立はよくないこと、対立は避ける方がよいという考えが染みついています。

対立を辞書で引いてみると「二つのものが反対の立場に立って張り合うこと」（広辞苑）とあります。闘う、敵対するなどのイメージがあり、対立すると勝つか負けるかしかないと考えてしまいがちです。

しかし、ゴードン博士は「対立、葛藤は人生の一部であり、必ずしも悪いものではない。対立や葛藤は人間関係の真実の瞬間だ。対立が悪いのではなくどう解決するかが重要なのだ」と述べています。一人ひとりが異なった考え、違った価値観、それぞれの欲求を持っているのですから、対立は生きている限りなくなりません。ゴードン博士は対立を「争い」と定義せずに、二人で解決する「問題」と定義すれば民主的な話し合いが可能であるという視点に立っています。

ゴードン・メソッドでは人間関係に起きる対立を２種類に分けて対応法を考えています。一つはお互いの欲求が侵された時に起こる対立、もう一つは価値観の違いから起きる対立です。この二つの対立を見分けるのに役に立つのが、３部構成の「対決のわたしメッセージ」の要素の一つである「影響または理由」です。私に対する具体的な影響があるならば「欲求の対立」です。一方、私に対する具体的な影響がないか相手が影響を認めない時には「価値観の対立」が起きています。

ゴードン・メソッドでは対立を解決するのに通常使われる方法を第1法、第2法と呼んでいます。一方が勝ち、他方が負ける解決の仕方なので「勝負あり法」とも言います。勝負を伴う方法では、程度の差こそあれ負けた方は必ず不満や恨みを持ちますので、人間関係は壊れやすいと言えます。そこで、ゴードン・メソッドでは第3の方法として「勝負なし法」を勧めています。誰も敗北者にならない話し合いの方法です。もう少し詳しくそれぞれの方法を解説します。

(1) 第1法

第1法は「私が勝ち、相手が負ける」方法です。相手を犠牲にしてでも、私が自分の欲求を満足させる解決策を力ずくで相手に押し付けるやり方です。ここでいう「力」とは相手がしたくないことをさせたり、したいことをさせないなど相手の欲求を満たすために必要なものを私がコントロールできることを指しています。具体的にはお金、エネルギー、情報、愛、評価など有形、無形どちらもあります。相手の行動を支配し、コントロールするためにこれらの力を使う、あるいは使うぞと脅すことでも効果があります。相手に対して力を持っている人は、相手が欲しがる「賞と罰」=「力」を使って、自分の欲求を満足させることができるのです。この種の「力」は相手が自分に依存や恐れを感じている時に効果を発揮します。

例えば、特別な技術や資格がない労働者は現在の雇用主に依存していますので、雇用主は「力」を持つことができます。子どもは生活のほとんどを親に依存していますので、親は「力」を持つことができますし、仕事を持たない妻は経済的に夫に依存しているので、夫は妻に対して「力」を持つことができる可能性があります。

人と人との関係では「力」の差はつきものです。組織での上司と部下の間では、当然上司は「力」を持っています。仕事上の決定で上司の命令どおりに動かざるを得ない場面もあるとは思いますが、対立のたびに常に上司の解決策のみ押し付けられる形になれば欲求不満がたまりますので、人間関係はぎくしゃくしたものになりかねません。

（2）第2法

第2法は、私は相手と同等の「力」、または相手よりも「力」を持っていますが、相手の欲求を満たすために私が犠牲になり、我慢するので「相手が勝って、私が負ける」方法です。これは対立を避けたいという引っ込み型の人が取る方法です。あらゆる犠牲を払ってでも波風が立たないように我慢してしまうので、第一法とは逆に、私が相手に対して不満や恨みの感情を持ちやすくなります。常に欲求不満を抱え、自尊心も自己評価も低くなります。無意識に相手が欲求を満たすのを邪魔したり、相手を避けるようになったり、物事に対して無気力、無関心になることもあります。

第1法も第2法も人間関係は壊れやすく、相手とのベストなコミュニケーションは難しくなります。

5・6 欲求の対立を解く――第3法

第3法は、第1法や第2法のような「力」を使わずに民主的に話し合う方法です。対立についてお互いに満たされない欲求があることは「争い」ではなく「問題」であると肯定的にとらえることで、正直で率直なコミュニケーションをとります。そうすることで誤解が解かれ、人間関係がさらに深まる可能性があります。

20世紀の初めに、哲学者であり教育者であるジョン・デューイ（John Dewey）はすべての問題解決には6段階のステップがあることを発見しました。このプロセスをゴードン博士が対立を解くための方法に応用したのが「勝負なし法」=「第3法」です。

この話し合いは、①お互いの欲求を明確にする、②解決案についてブレーンストーミングを行う、③解決案を評価する、④解決案を決定する、⑤計画・実行について話し合う、⑥実行した結果を調べる、という6段階の手順を踏んで進みます。

〈第1段階　お互いの欲求を明確にする〉

何が問題なのか、どこが対立しているのか、自分と相手がどのような欲求を持っているのかを率直に話し合います。本当の欲求をつかむと解決案がスムーズに出てきます。

相手がこの話し合いの方法を知らない時には、まず説明が必要です。「お互いの対立の解決の仕方は3通りの方法がある。私があなたに解決策を押し付けるか、逆にあなたが私に解決策を押し付ける方法があるが、これらの方法だと、どちらにしてもいずれかが解決策を押し付けられるので、不満が残る。それよりもどちらも満足できる新しい話し合いの方法で解決したいと思うが、あなたはどう思うか」といった誘いかけが必要になります。

自分の本当の欲求が何であるかは、三つの要素（行動・影響または理由・感情）で構成された「対決のわたしメッセージ」をつくることで明らかになります。影響や理由があることで、自分が何に困っているのかが明確になります。一方で相手の欲求を明らかにするためには、相手の言い分に耳をしっかり傾ける「能動的な聞き方」が効果的です。

「能動的な聞き方」で十分に相手の思いをくみ取ることが成功への最初の鍵です。

〈第２段階　解決案についてブレーンストーミングを行う〉

お互いの欲求が明確になったところで、解決案を互いに出し合います。この時に出てきた案に対して批判、評価を一切しないことが二つ目の成功の鍵であり、あらゆる解決案を自由に出すブレーンストーミングが効果的です。枠にとらわれずに、柔軟な思考や創造性を発揮することがポイントです。案は多ければ多いほど楽しい話し合いになります。特に部下や後輩が相手の場合は、若い人の常識にとらわれない独創性や創造性を引き出すチャンスです。出てきた案はすべてがよい案とは限りませんが、それについては次の第３段階で評価します。

〈第３段階　解決案を評価する〉

出てきた案を一つずつ評価します。どんなによいと思う案でも一人でも反対する人がいれば、それは採用しません。また、出てきた案をくっつけたり、切り離したりして改良を加えることも可能です。案が絞り込まれたら、次の段階に進みます。

〈第４段階　解決案を決定する〉

絞り込まれた案に対して、賛成・反対の投票はしません。投票にすると勝ち負けが生まれてしまいますので注意してください。あくまでも全員の合意が得られたものを解決策として決定してください。合意が得られなければ、第１段階のお互いの欲求がずれている可能性があります。そんな時は、もう一度最初から話し合って、解決案を探してください。

〈第５段階　計画・実行について話し合う〉

決定された案を実行に移すために、誰が、何を、いつまでに行うかを５Ｗ１Ｈで明確にしてください。長期間実行する必要がある場合は、決まったことを紙に書いて、この話し合いにかかわった全員が見えるところに貼っておくことをお勧めします。

〈第６段階　実行した結果を調べる〉

実行してみた結果、全員が満足しているかどうかを確認することはとても大切です。とてもうまくいった場合には結果の評価は必要ないこともあるかもしれません。しかし、「やってみて不満はないか？」と確認することで、誰も負ける必要がない話し合いであることが再確認できます。

いかがですか。この話し合いのコツがつかめれば、相手を説得したり、脅迫したり、怒鳴ったりせずに対立を民主的に解決することができます。お互いの欲求を率直に語り合うことで、信頼関係も深まることが期待されます。第3法はまさにベストなコミュニケーションによる話し合いの方法なのです。

ビジネスの世界ではこの勝負なし法をｗｉｎ‐ｗｉｎの話し合いとして商談などに活用している方も多いと思います。しかし、この方法はビジネスにおいてだけでなく、あらゆる場面、夫婦、親子、嫁姑、ご近所の揉めごとなどにも活用できるものです。

例えば、お互いフルタイムで働いている夫婦が家事の分担で不満を抱いているとします。この状況に至るまでに、妻が「対決のわたしメッセージ」を何度か使って夫の協力を仰ぎましたが、その時は多少の手伝いをしてくれても根本的な解決には至らなかったことから第3法の話し合いをする時間を取ることにしました。この場合の第3法による話し合いを6段階の手順に沿って見てみましょう。妻が家事について思っていることを「わたしメッセージ」で伝え、夫の抵抗や反発については「能動的な聞き方」をすることでお互いの欲求を明確にします。

〈第1段階　お互いの欲求を明確にする〉

妻の欲求　　①家をきれいにしておきたい、②時間の余裕が欲しい、

③料理に時間をかけたくない

夫の欲求　①協力したい気持ちはある、②命令されるのは嫌、
③日曜日はゆっくりしたい、④洗濯物を畳むのは苦手

〈第２段階　解決案についてブレーンストーミングを行う〉

①料理をする人は後片付けをしない（料理をしない人は後片付けをする）
②掃除機をかける日を決めて、交代で担当する
③家事代行を頼む
④洋服などの洗濯物はハンガーに干して、そのままにする
⑤宅配の食材を頼む
⑥日曜日には家事は一切しないで、食事も外食にする
⑦両親と同居し、家事を両親に任せる

〈第３段階　解決策を評価する〉

前段階で示された解決案の内容をまとめ、評価したものが表４になります。

〈第４段階　解決案を決定する〉

絞り込まれた解決案について、お互いに○が付き、合意・決定したのは以下の四つと

なりました。

①料理をする人は後片付けをしない（料理をしない人は後片付けをする）

④洋服などの洗濯物はハンガーに干して、畳まない

②掃除機をかける日を決めて交代でかけるが、日曜日にはしない

⑥日曜日は妻は自分のペースで家事をし、夫は外食の代わりに月に1～2回夕食をつくる

〈第5段階　計画・実行について話し合う〉

5W1Hで計画の実行内容を決定しました。

Who（人）　二人で

When（日時）　明日から

What（対象）　ハンガーを購入

表4　示された解決案への評価

解決案	妻	夫
①	○	○
②	○	△ ただし日曜日はしない
③	× 料金が高いので	○
④	○ 下着や小物は自分が畳んでもOK	○
⑤	× 料理のメニューが気に入らない日もある	× 以前試したが美味しくない
⑥	△ 日曜にしかできない家事もあるので，自分はしたい	△ 家事なしはOKだが，日曜は混雑するので毎回外食は嫌だ
⑦	○	× 今は無理

Where（場所）ホームセンターで
Why（目的）　洗濯を干すので
How（方法）　決めたことを紙に書いて貼る
〈第6段階　実行した結果を調べる〉
1週間実行してみたが、今のところうまくいっている。
1か月後にもう一度話し合うことにする

この第3法はこの夫婦のように個人対個人だけでなく、もちろんグループでの話し合いにも活用可能です。ただし、グループで話し合う場合には、以下の点に注意してください。

- 問題に巻き込まれている人だけが参加する
- 自分たちの「自由になる範囲」を確認しておく（予算など）
- 参加者全員が第3法を知っていることを確認する
- 全員が適切な時間を確保する

• 投票はせずに全員の合意を確保する

また、第3法は使いやすい相手と使いにくい相手があります。同僚、夫婦、友人同士など力関係が同等の場合は、第3法は使いやすいですが、自分より力を持っている相手には、自分から働きかけるのが難しいかもしれません。自分が部下で、相手が上司、自分が子どもで相手が親、自分が後輩で相手が先輩などの場合です。特に相手が力を使って問題解決を望んでいるような時には、話し合いに応じてもらえない可能性がありますので、普段から上司や先輩と信頼関係を積み上げて、第3法を使えるような人間関係を築いておくことが大切です。

5・7　価値観の対立を解く方法

行動の四角形で「私が問題を持つ」領域に最後に残っているのが価値観の対立です。価値観の対立が起こる時には、3部構成の「対決のわたしメッセージ」をつくろうとしても具体的な影響がありません。欲求の対立の場合は、私に対する具体的な影響があるので、相手も行動を変える動機付けができますが、具体的な影響がない場合は納得できませんから、相手は第3法での話し合いには応じようとはしません。

極端な例で言えば、私は仕事をする時にはパンツスーツが機能的で好きなのに、先輩が「女性はスカートの方が女性らしくて好きだな。スカートにしなさい」と言ったとしても納得がいきません。私が何を着ようと先輩に何の迷惑もかけていないのに、好みを押し付けないでと反発したくなります。無理強いすれば、セクシャルハラスメントやパワーハラスメントと訴えられても仕方ないかもしれません。

個人の好み、生き方、信条、道徳、宗教などの個人の価値観に基づいた行動は、話し合いでは解決できないものばかりです。価値観の違いを力ずくで解決しようとすると、夫婦の離婚、親子の断絶、職場での闘争など人間関係は大きく壊れます。

なぜ、私たちは自分と価値観の違う人を受け入れるのが難しいのでしょうか。自分と全く同じ価値観、感じ方、好みの人しか受け入れられないとしたら、この世の中はあまりにも退屈ではないでしょうか。違いがあるからこそ刺激や学びがあり、自分も成長できるのだと思います。ところが、多くの人は友人や恋人が自分の価値観や好みに合わない行動をしていると一体感が得られないことに失望したり、自分の価値観を押し付けたくなります。

例えば、あなたの友人が評判のよくないセミナーに大金をつぎ込んでいるとしましょう。あなたがそのことが気になっているとしたら、「対決のわたしメッセージ」を伝えることになりますが、それはどのようなメッセージになるでしょうか。

「あなたがあのセミナーに大金を払っていることがとても心配なの。どうしてかというとそんな価値はないと思うから」と言ったとしても「私が自分のお金を何に使おうとあなたに関係ないでしょう。あなたには何も迷惑をかけていないのだから大きなお世話よ」と反発されるのがオチです。あるいは反発の言葉を口にしないまでも心の中では反発を感じ、友人はあなたから離れていくかもしれません。もちろん、あなたとその友人の信頼関係が特別に深く、友人があなたに全幅の信頼を寄せていた場合には、あなたの考えを採用する可能性もありますが。

価値観の対立を解く方法として、ゴードン・メソッドでは五つの対応を提案しています。リスクが低い順に紹介します。

①価値観の違いをはっきりさせる

価値観の対立を感じた時に、まずは相手と私の価値観の違いをはっきりさせるように努めることから始めます。最良の方法は私の価値観、考えを「わたしメッセージ」で伝え、相手の価値観は「能動的な聞き方」でしっかり聞くことです。相手がなぜその価値観に沿って行動しているのか、なぜそれを大切としているのか、誰の影響を受けてその価値観を身につけたのかなどを知ると、案外その価値観や行動に寛容になれるものです。私の価値観とは違うけれど、相手がどうしてそれを大切に考えているのかがわかれば、受け入れられることも出てきます。

例えば、先輩が金銭にとても細かくて、飲み会での精算時にも１円の単位まで割り勘の計算をすることに違和感があったとしましょう。ある時に先輩が大きな夢を実現するために倹約をしていることを知ったとしたらどうでしょうか。前ほど金銭に細かいことが気にならなくなることはあるのではないでしょうか。相手が変わったわけでなく、今までどおりなのに、私のものの見方、理解の深さが変わったために相手の行動を受け入れられるようになったということです。このような体験は誰にでもあるのではないかと思います。

②自分を変える

違いがはっきりしたら、違いをそのまま受け入れるのか、または自分の価値観を見直してみるのかを考えてみましょう。

私たちは知らないこと、経験したことがないことには否定的になりがちです。自分の意見や価値観が正しいと思っても、反対意見や違った価値観について知る努力をし、情報を集めてみたり、自分の価値観が自分にとって本当に大切なのかどうかを再検討してみたりすることで自分の価値観が変化することもあります。自分の仕事の習慣、生活様式、趣味、ファッションセンス、宗教、道徳など、それだけが正しいと固執していることはないですか。世界には実に様々な価値観が存在します。例えば、日本での結婚は一夫一婦制ですが、イスラムの世界では一夫多妻を認めるところもあります。また、女性に対して「君は僕の太陽だ」と言えば、日本人の私たちは愛の告白と感じますが、イスラム諸国では砂漠の太陽は過酷というイメージですから、まったく違った意味合いになります。むしろ「君は月のようだ」と言われることがほめ言葉になるそうです。このように絶対に正しいと思っている価値観も文化や地域や時代が変われば正反対の意味になることだってあるのです。

試しに相手の価値観を取り入れて行動してみたら案外新しい発見があるかもしれません。ただし、自分の価値観を変える時は無理に相手に合わせて妥協しようとするのではなく、「楽しんで」してみようという姿勢が大切です。新しい考え方や価値観に対してオープンでいることは、自分自身の成長につながる可能性が高いのです。

③相手の行動に影響を与える

相手の価値観を変えるのではなく、行動だけを変えてくれるように働きかけることで対立をなくすことも一つの解決法です。ただ、価値観が違う相手に働きかけることにはリスクがあります。特に価値観はその人らしさであり、その人にとって大切なものであり、絶対に変えたくないものかもしれませんから、行動だけに言及しても二人の関係に微妙な亀裂が入ることもあるかもしれません。相手を変えたいと思ったら、関係が壊れるリスクを冒してでも変えたいと思うかどうかを慎重に考える必要があります。それでも変えたいと思うのなら、相手の価値観はそのままに、行動だけを変えられないか第３法で話し合うことができます。例えば、あなたの友人が特定の政治信念を持っていて、会うたびに政治の話になってしまうことがあなたにとっては苦痛だとしたら、友人の政治信念を変えるのではなく、あなたと一緒に過ごす時には政治の話はしない、という行動の変化を話し合うことならできるかもしれません。第３法の手順で話し合うことが効果的です。解決策についてはもちろん双方の合意が必要です。

④相手の価値観に影響を与える

相手の行動が変わるだけでは満足ができず、やはり価値観そのものを変えてほしいと願うこともあるかもしれません。相手が自分と同じような価値観を持った方が幸せになれると確信がある時には、相手に働きかけたくなることもあるでしょう。長年大切にしてきた価値観を変えさせるのは簡単ではありませんが、相手に影響を与えるには「模範を示す」と「コンサルタントになる」という二つの方法があります。

この「模範になる」とは、相手が自分と同じような行動をとるように、自分が意識的によいモデルになることです。私たちが成長する過程では、親や学校の先生など周囲の人をモデルとして自然に見習ってきました。私たちの価値観は親から受け継いだものが少なからずあります。社会に出てからは職場の先輩や上司からたくさんの影響を受けてきたことと思います。同じようにあなたも周りの人のモデルとして影響を与えているはずです。あなたの価値観を相手に伝える一番確実な方法はあなたが自分の信じる価値観を生きてみせることです。

- 率直さが大切だと言うなら、自分が率直にふるまう
- 素早い行動が大切だと言うなら、自分が素早く行動する

- 挨拶が大切だと言うなら、自分から率先して挨拶をする
- 時間を守ることが大切だと言うなら、自分が時間を守る
- 政治に関心を持つことが大切だと言うなら、必ず選挙には行く
- 男女共同参画が大切だと言うなら、男性でも産休・育休を取る

口で言うより、やって見せることの方が大きな効果があります。口先だけで相手に説教をして相手を変えようとすることには効果はありません。繰り返しになりますが、価値観の対立において、相手の価値観を力ずくで無理やり変えようとしたら人間関係は取り返しのつかない最悪のものになってしまいます。また、模範を示すにしても相手との間に良好な関係ができていることが大切です。なぜなら、人は信頼のおける人、知識や経験が豊富で尊敬できる人のまねをしようとするからです。

「コンサルタントになる」は、コンサルタントとして自分の考えや知識、経験などを提供して相手の価値観に影響を与える方法です。そもそもコンサルタントとは「自分の持っている専門知識、知恵、経験、ノウハウを持っていて、専門的な助言を与える人」です。相手が私のことを影響力のある人だと認めていなければコンサルタントはできません。しかもコンサルタントは相手から雇われなければ助言ができないのです。

効果的なコンサルタントになるには三つの条件が必要です。

1．事実・数字を重視する。よく考え抜かれたアイデアを持っている

2．影響を与えようとするのは一度だけ、しつこく勧めない

3．「変わる、変わらない」の責任は相手に任せる

コンサルタントの意見やアイデアを受け入れるかどうかは相手の自由ですから、相手に任せることが原則です。提案するだけで、強制したり、説教したりすることではありません。

具体的には、私の価値観がどうして大切なのかを「宣言のわたしメッセージ」で明確にわかりやすく伝えます。相手が自分の価値観を守ろうとして抵抗や反発を示したら「能動的な聞き方」でしっかりと受け止め、理解を示すことです。

先ほど例に挙げた「友人がセミナーに大金をつぎ込んでいる」場合に、コンサルタントとして影響を与えようと決心したら、自分が過去にセミナーにはまって大金をつぎ込んだ体験を事実として具体的に伝えます。つぎ込んだ金額、セミナーのシステム、自分が得た結果などを話します。ただし、影響を与えようとするのは一度だけです。会うたびにくどくど言うのはコンサルタントではなく、ただの説教です。

⑤人間関係を変化させる

①〜④の対応を試し、努力しても対立が解けない時には、関係を変えたり、関係を終わらせたりすることもあなたの意志で決めることができます。少しだけ変化させることから、関係を終わらせることまで幅はあると思いますが、破壊的で後ろ向きの関係を続けてお互いに消耗するよりは、潔く関係を終わらせた方がよい場合もあるのではないでしょうか。とても難しく勇気のいる選択ですが、あなたの意志で選ぶことが可能なのです。そのためには、自分が人生に何を求め、何に価値をおいて生きるのかを明確にしておくことが必要です。

相手を理解する十分な努力をしないままに関係を終わらせてしまうことのないよう気を付けなければなりませんが、努力しても会うたびに口論してしまう友人との関係、夫婦げんかが絶えず子どもにも暗い影を落としているような関係、職場での上司や同僚との根深い対立が解消できない関係などが続く場合には、あなたが自分の人生の主役として、自分らしいよりよい人生を過ごすために、勇気を出して関係を終わらせることで前に進む選択肢もあるのです。

5・8　問題解決に役立つ環境改善

行動の四角形の「私が問題を持つ」領域に整理した相手の行動への対応がもう一つあります。既に相手が私が嫌だ、困ると感じる行動をしている時、まだ問題は起きていないが将来に困ったことになりそうな時に物理的な環境を変化させることで解決する方法です。この環境改善は人間関係の対立を予防することもでき、とても効果的な方法です。例えば、家で仕事をしようと思っても、家に一台しかないPCを子どもや妻が使っていることについて、そのたびに「対決のわたしメッセージ」で伝え、第3法で話し合うことも可能ですが、予算が許すならもう一台PCを購入するという物理的な環境を整えることで対立は解消します。自分の欲求がはっきりしていれば、環境に手を加えるアイデアは見つけやすいものです。

ゴードン・メソッドではアイデアを見つける視点として次の八つが示されています。

①豊かにする → 環境に物や活動を付け加える
②広げる → 環境を広げ、スペースを増やす
③取り除く → 環境から物や活動を取り除き、刺激を減らす

④制限する ➡ 環境を管理、制限し、手に入るものや活動をコントロールする
⑤簡素化する ➡ 道具や活動を単純にする
⑥調整し直す ➡ 物の置き場所や活動計画を変更する
⑦システム化する ➡ 物や活動が能率的に進むように組織化する
⑧前もって計画を立てる ➡ 事前準備を万全に整える

それでは、ある職場で退職者が立て続けに出たために仕事の負担が大きくなっているものの、なかなか人材が確保できないでいる状況を仮定して、この八つの視点から現状を改善するための具体的なアイデアを挙げてみましょう。

①豊かにする
・外部の講演会などで異業種の人と知り合うことで人材の情報を収集する
・人材の代わりに新型のＰＣや事務機器を設置する
②広げる
・負担を減らすために、作業スペースを広げる、休憩室を設けるなど働きやすい環境をつくる

③取り除く
・残業や研修などの活動を減らす
・会議の回数を減らす
・電話の回線を減らす
④制限する
・20時以降は電源を落とすなどして残業を抑制し、早朝出勤を認める
⑤簡素化する
・ファイルなどをわかりやすい形に統一する
・事務用品などは誰でもすぐにわかるように一か所にまとめる
・ばらばらに行っていたデータ管理を一元化する
⑥調整し直す
・部署の組織体制を変え、他部署の人員を活用できるようにする
⑦システム化する
・注文、発送などの新しいシステムを開発する
・営業先のリストをジャンル別に作成する

⑧前もって計画を立てる

・今後の人員不足に備えてマニュアルを作成しておく

環境に働きかける時にも、お互いの欲求が対立することがあります。そんな時には第３法で話し合う必要があります。職場の仲間とブレーンストーミングをすることでより視野が広がり、豊かなアイデアが出てきます。

●第5章のポイント

☆一方的な言い方は「あなたメッセージ」

自分の気持ちは語らずに相手に責任転嫁し、非難するような言い方は効果がない

☆「対決のわたしメッセージ」は3部構成で

目に見える、耳に聞こえる行動＋自分に対する具体的な影響または理由＋自分の正直な感情

☆「対決のわたしメッセージ」は相手の考える力を引き出す

私の欲求や感じていることがわかりやすく伝われば、解決策を与えなくても、相手は自らどうしたらよいかを考え始める

☆「きりかえ」の重要性

相手の感情が下がるまで、相手の言い分に共感的に耳を傾けると相手もあなたに耳を傾ける余裕が生まれる。「話す」、「聞く」を繰り返すことで、相互理解が進む

☆対立は人生の一部
　対立が悪いのではなくどう解決するかが重要。勝ち負けが生まれると不満が残る
☆欲求の対立を解く第３の方法
　勝負なし法は６段階のステップで民主的に話し合う
☆価値観の対立を解く方法
　価値観の違いをはっきりさせることから、関係を断つことまで幅広く考えてみる
☆問題解決に役立つ環境改善
　八つの視点で環境に働きかける

第6章 行動の四角形の「相手が問題を持つ」領域でできること

ここまで、行動の四角形の整理に基づいて、コミュニケーションのとり方を具体的に提示してきました。まず、「問題なし」領域では、自分が何を考え、どんな感情を持ち、どんな欲求を持っているのかを周りの人が理解しやすいような自己表現の仕方である「宣言のわたしメッセージ」、「返事のわたしメッセージ」、「予防のわたしメッセージ」で伝えることを学びました。

次に「私が問題を持つ」領域では相手、自分自身、環境に働きかける対応を学び、相手の行動が自分の欲求を妨げている時に相手の協力が得られやすい自己表現である「対決のわたしメッセージ」や話し合いの方法「第3法」を学びました。そして「価値観の違いから来る対立の解き方」、「環境改善」などを学んだことで図

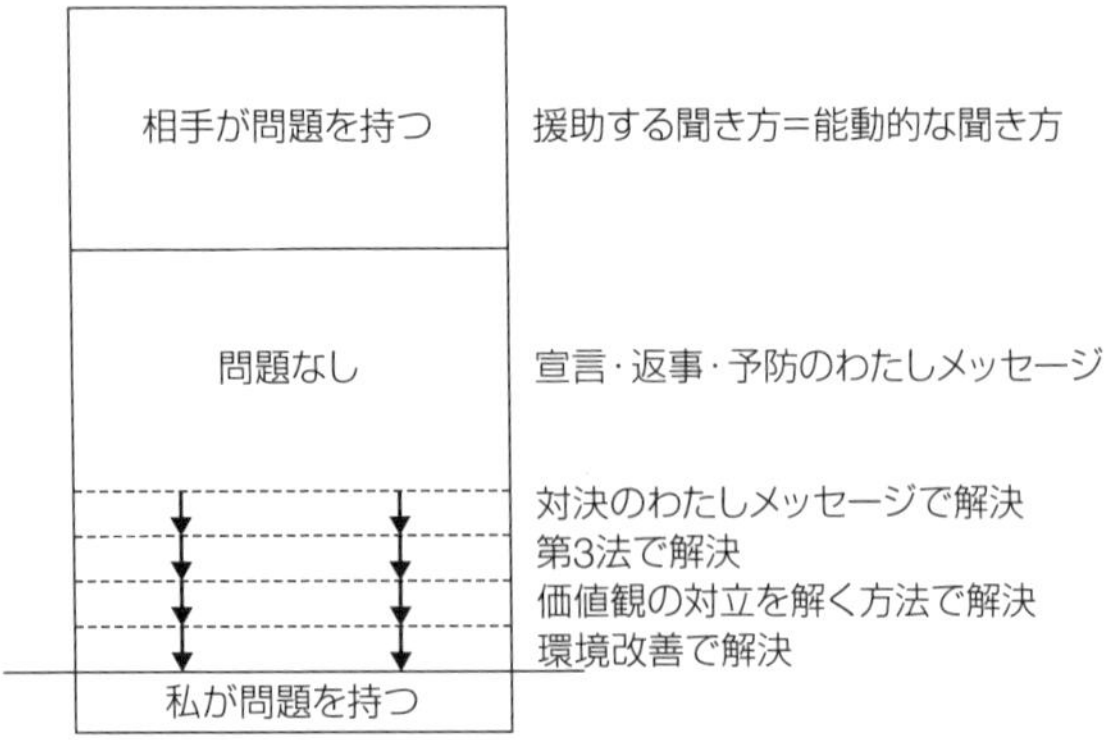

図 13　行動の四角形はどう変化したか

13のように受容線が下がり「私が問題を持つ」領域が狭まり、逆に「問題なし」領域を広げられることがわかりました。

最後に本章では、「相手が問題を持つ」領域（図14参照）について考えます。相手が私のせいではなく、その人独自の問題、悩み、否定的な感情を持っている時、そして私がそういった相手の行動を受容できると整理した時の対応についてです。そんな時には、相手を助けたい、力になりたいと思うものです。ところが、この援助は適切な形で行われないと、コミュニケーションが止まってしまったり、かえってお互いの関係を壊したりしてしまうことがあるのです。

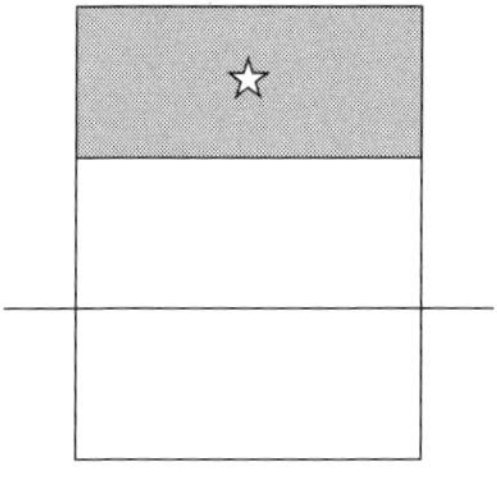

図14　行動の四角形・「相手が問題を持つ」領域

6・1　アドバイスのリスク「お決まりの12の型」

私たちは相手が悩んだり、困ったりしているとアドバイスをしたり、励ましたり慰めたりしたくなります。特に自分が同じような経験をしたことがあると、自分なりの解決の仕方を知っているので教えたくなります。相手を思えばこその友情や愛情からの行為なのですが、これは第3章（3・3　問題所有の原則）で説明したとおり相手を尊重しない行為なのです。相手の考える力や問題解決力を損ない、依存関係を生み出し、コミュニケーションの障害になりかねない対応です。

ゴードン博士は、相手が悩んだり困ったりしている時に多くの人がしてしまいがちな反応を「お決まりの12の型」と名付け、効果的でない方法として指摘しています（表5参照）。

例えば、前出の渡辺さんが上司とうまくいかずに悩みを抱えているとします。この状況で私たちがしてしまいがちな「お決まりの12の型」の反応を見てみましょう。各タイプの冒頭にしてしまいがちな反応（言葉）の例を示しています。

①指示・命令

「そんなに心配するなよ」
「マイナスなことを考えるのはやめなさい」
「もっと前向きに考えなさい」

何かをするように、またはしないように教えるような言い方です。悩んでいる相手の感情や欲求は大切でないと考えていることが相手に伝わりますので、反発、抵抗、恨みや怒りの感情を引き出してしまう可能性があります。相手の判断や解決力を信じていないという隠れたメッセージも伝わる可能性があります。

表5　「お決まりの12の型」

1. 指示・命令 反抗的な行動や仕返しを促してしまう	**2. 脅迫・注意** 恐怖心を抱かせ，恨みや怒りの原因となる	**3. 説教・訓戒** 義務感や罪悪感を与え，自己防衛させる
4. 提案・忠告 依頼心，又は反抗心を生じさせる	**5. 理屈・講義** 防衛的な態度や反論を誘発する	**6. 非難・批判** 相手の能力のなさを暗示する
7. 賞賛・同意 恩着せがましさや操作しようとする意図を感じさせる	**8. 侮辱・バカにする** 自己肯定感が持ちにくくなる	**9. 同情・激励** 誤解されたと感じさせたり，敵対意識を引き起こす
10. 分析・解釈 動機や原因を分析され，挫折感や屈辱感を抱かせる	**11. 尋問・質問** 責められたと感じさせたり，問題に対する自分の見解を失わせる	**12. ごまかし・逃避** 大した問題ではないとか，はぐらかされたと感じさせる

②脅迫・注意

「上司に謝らないと大変なことになるよ」

「上司とうまくいかないようじゃ、出世はできないね」

「同じようなことがまた起きたら、覚悟した方がいいね」

相手が何かをしたり、しなかったりすると大変なことになるという脅しなので、怖がらせて自分の意見に服従させるような結果になります。したがって、相手の恨みや敵意を引き出し、反発や抵抗につながることが多いのです。

③説教・訓戒

「上司には従うべきだよ」

「部下の義務を果たすのが筋でしょう」

「上司に反抗なんて絶対しちゃだめなんだよ」

相手にすべきこと、するべきでないことを伝え圧力をかけるような対応です。「～すべき」、「～する義務がある」などと押し付けられると抵抗を感じ、相手は自分のやり方を正当化したり、防衛したりしたくなります。このような対応は私が一般論や世間体を優先し、相手の考えや価値観を認めていないことが伝わるので、相手に罪悪感を持たせてしまう可能性もあります。

④提案・忠告

「上司に早く謝ったら」

「他の仕事を探してみたら」

「別の上司に相談することを勧めるよ」

相手の解決力や判断を信用していないことが相手に伝わり、「私があなたの問題を解決してあげる」という隠れたメッセージが伝わります。このような言葉を発する時は実際に相手より自分の方が優れているという優越感を抱いていることが多いので、抵抗や反発が生まれる可能性が高くなります。また、相手があなたの提案を受け入れうまくいった時には、相手はあなたに依存するようになり、失敗に終わった時にはあなたに責任転嫁することもあり得ます。

⑤理屈・講義

「上司はあなたより責任が重いんだから、部下が従うのは仕方のないこと」

「私の経験からすると、まずい状況だと思う。私が切り抜け方を教えてあげる」

「知らなかったの？　組織で働くってことはそういうことだよ」

事実や論理、情報で相手を丸め込み、説得するような対応なので、言われた相手は自分がものを知らず、劣っている存在であると自己否定する可能性があります。自分が優位に立って教えてあげようという物言いですから、相手は無力感を持つか、防衛的になる可能性もあります。

⑥非難・批判

「あなたみたいにわがままな人は見たことがない」

「あなたがきちんと報告していれば、こんなことにならなかったのに」

「いつまでも青臭いやつだ」

否定的な評価や判断を下すので、相手に自分がダメで、無力で、価値がない人間であると感じさせてしまいます。否定的な評価をされると多くの人が自分の問題や感情はこの人には理解されないと口をつぐみ、次からはこの人には問題を話すものかと考えるようになります。または「どうせ自分は劣っている…」とやる気をなくす可能性もあります。その否定的な評価が事実だとしても相手は怒りや憎しみを抱き、人間関係は悪化するでしょう。

⑦賞賛・同意

「君みたいに上司にはっきり意見を言えるなんて素晴らしいよ」
「正しいことを言うのは当然だよね」
「君はよくやっているよ」

ほめることはとても大切なことですが、タイミングを間違うと逆効果になります。悩んだり、困ったりしているのにほめられると、逆にバカにされたような反感を抱かせる可能性があります。常に肯定的な評価ばかりされると、評価されない時には否定され、非難されているように受け取られることもあります。またほめられることで思いどおりに動かされているのではないかと相手が疑心暗鬼になることもあります。

⑧侮辱・バカにする

「君はバカ正直すぎる」
「あなたは負け犬だ」
「君は自信過剰なんじゃない」

相手をバカにするような対応は当然相手を傷つけますから、口ごたえを招きますし、言いわけや口論に発展することが多くなります。また、相手の感情は高ぶりますので相手は本来目を向けるべき自分の問題や内面に目を向けることができなくなります。

⑨同情・激励

「君も大変だね～」

「君なら大丈夫だよ。がんばれよ」

「かわいそうに…」

相手を楽にしてあげたいという思いで、問題の深刻さを否定したり、大変さを憐れんだりする対応は逆効果になることが多く、相手は「私の大変さはこの人には理解できない」、「簡単に頑張れなんて言わないで」と抵抗や反発を感じる可能性が高くなります。私たちが「大丈夫よ」と励ます時には、場合によってはこれ以上相手の否定的な感情を聞きたくないという心理があるかもしれません。そんな時にはその隠れた思いを相手は敏感にキャッチするので信頼関係が損なわれる恐れがあります。

⑩分析・解釈

「あなたは自己正当化しようとしているんじゃない」

「あなたも後ろめたい気持ちがどこかにあるんでしょう」

「上司に問題があるのではなく、あなたの仕事の仕方に問題があるような…」

相手の動機や発言に対して私が勝手に解釈したり、推測したことを伝えるので、分析が当たった場合には、相手に「正体が暴かれた」というような戸惑いや恥ずかしさを与える可能性があります。反対に見当はずれの分析をされると相手は「現実を知りもしないくせに！」と怒り、反発します。相手は見下されたように感じますので、私に心を開いて相談する気がなくなります。

⑪尋問・質問

「何で？　どうして？　それであなたは何て言ったの？」

「上司って誰？　いつから悩んでるの？　どうするつもり？」

「上司は何て言ってるの？　周りの人はどう思ってるの？」


尋問や質問は、原因、理由、情報を仕入れて、相手の問題を解決しようとしていることが多く、警察の取り調べと一緒でとても攻撃的な対応です。相手は私が情報を基に攻撃してくるのではないかと警戒します。特になぜ質問されるのかわからない時には、相手も「なぜ質問するの？」というように質問で返してくることもあります。問題について話している人に質問すると、質問に答えることに労力を使わなければならなくなるので、話したいことを話す自由を奪うことにもなります。

⑫ごまかし・逃避

「まぁ、その話はいいから、飲みに行こう」

「今度会った時に聞くよ」

「何かもっと前向きな話はないの」

こちらにその話から逃避したい心理があるために相手からその問題を引き離し、注意を逸らそうとしているので、相手には私が相手の悩みに対して無関心であることが伝わります。したがって、相手は私に拒否され、軽んじられ、傷つけられたように感じます。相手の気持ちを尊重していないわけですから、相手は私を信頼して相談しようという気持ちはなくなります。

これらの「お決まりの12の型」は、二人の関係が行動の四角形の「問題なし」領域ならコミュニケーションの障害にはならず、効果的に働くこともあります。しかし、相手が悩ん

だり、困ったり、否定的な感情でいっぱいの時に「お決まりの12の型」で対応すると、相手は反発したり、自分を守ろうとして防衛的になったり、これ以上言っても無駄だと口をつぐんだり、自尊心が傷ついたりするため、相手との関係にも悪影響を及ぼす可能性が高くなります。

6・2　援助する時に大切なこと

相手が悩んでいる時に効果的な手助けをするにはいくつかのポイントがあります。適切な援助をすることは、相手との関係をさらに信頼に満ちたものにし、お互いの成長にも役立ちます。相手を効果的に援助することについて研究をしてきた社会学者たちは、①受容、②共感、③「ほんもの」、④ある程度の達成感、⑤相互性という五つの基本的な要素が大切であるとしています。

過去にあなたの悩みや問題に寄り添い、援助してくれた人たちはこれらの五つの要素を持っていたのではないでしょうか。それぞれについて詳しく見てみましょう。

①受容

悩んでいる相手をそのまま丸ごと認め、悩んではいけないとか、違う考えを持つようになど相手に求めないということです。ここでいう受容とは、あなたの批判的精神を捨てるとか、自分の価値観を捨てて相手に合わせることとは違います。自分の価値判断を一時的に止めて、あるがままの相手を認めることです。

②共感

自分を相手の立場に置いてみて、相手の様々な気持ちを理解することです。相手が経験しているのと全く同じ経験はできなくても、相手の痛み、悲しみ、苦しみ、葛藤などを想像力と感受性で理解し、感じ取ることはできます。

③「ほんもの」

相手との関係が正直かつ率直で、内外一致しているということです。信頼に基づいた関係性も含みます。何よりも相手が私のことを信頼していないと心を開いて話す気にはなりません。相手が私のことを胡散臭《うさんくさ》く、腹の中では何を思っているのかわからない人と感じたとしたら、私に援助は求めないでしょう。自分自身が何を感じているか、本心に気が付いていることも大切です。偽善でなく本心から助けたいという「ほんもの」の気持ちで接することです。

④ある程度の達成感

自分に余裕がないと相手を助けることは難しいと思います。自分自身に悩みごとがたくさんあり、基本的な欲求が満たされないような生活をしていたら、他者を援助する余裕は持ちにくいでしょう。自分の欲求が満たされて、ある程度の達成感を持っていないと他者への援助は長続きしません。自分の人生にある程度満足し、精神的な余裕があれば他者を援助する余裕も生まれます。

⑤相互性

自分が問題を持った時には相手は手助けしてくれるという相互関係が必要です。相手が困っている時には相談に乗り、問題解決に協力したのに、こちらが問題を抱えて援助が欲しい時に知らんぷりされたら、裏切られたように感じて、次にその相手が困っても助けてあげる気がなくなるのではないでしょうか。持ちつ持たれつの関係性があることが必要です。

6・3　効果的な援助の方法

相手が悩んだり、困ったりしている時に私たちはつい「お決まりの12の型」で、私の意見を押し付けたくなりますが、実は相手の話を「聞く」ことが大きな援助になるのです。効果的な援助には、①そばにいる、②沈黙、③あいづち、④促す、⑤「能動的な聞き方」という五つの方法があります。

①そばにいる

相手が問題を持っているサインをキャッチしたら、物理的にそばにいることが援助になります。物理的にそばにいなければ相手の話を聞くことはできません。

②沈黙

相手が話し始めたら、あなたは口を差し挟まずに、静かにしていることで、相手は自分のペースで話しやすくなります。特に相手が悲しみ、絶望、恐れなどの深い感情を感じていたり、泣いているような時には沈黙してそばにいるだけで大きな助けになります。

③あいづち

「へぇ」、「そう」、「まぁ」、「なるほど」、「本当」、「聞いてるよ」など短い言葉で、あなたが聞いていることを相手に示すことです。あいづちを打つことである程度の受容と共感を伝えることができます。

④促す

相手に話すように促すような言葉をかけます。「それから？」、「それで？」、「あなたがどう感じているのか聞きたい」、「もう少しそのことを話してみない？」など、心の扉を開く聞き方です。

⑤「能動的な聞き方」

相手の話を理解したことを確認していく聞き方です。「あなたが言いたいことは～ですね。そのように私は理解しましたが、それで正しいですか」というような確認のフィードバックをする聞き方です。

②～④の方法は「受動的な聞き方」というものです。相手に受け入れて聞いていることを伝え、コミュニケーションが持続する効果があります。ただ、この聞き方には限界があります。受動的な聞き方だけで対応していると、相手は私が本当に理解して聞いているのか、私に受け入れられているのかがわからなくなり不安になることがあります。その限界がないのが⑤の「能動的な聞き方」です。次の節で詳しく説明します。

6・4　援助のための「能動的な聞き方」

「能動的な聞き方」は、今まで「わたしメッセージ」への抵抗や反発を受け止める「きりかえ」として使ってきました。「能動的な聞き方」は相手が問題を持った時に、相手を援助するのに効果的な聞き方です。「きりかえ」は私の欲求を満たすために行っていましたが、今度は私とは直接かかわりがない相手の固有の問題の解決を援助するために「能動的な聞き方」を使うわけです。

先ほどの渡辺さんが上司とうまくいかないという悩みを例に見てみましょう。

まず、渡辺さんの悩みに対して「お決まりの12の型」で対応すると会話はドッジボールのようになってしまいます（p.152イラスト参照）。

渡辺さんは悩みが詰まったボールを田中さんに受け止めてほしくて投げたにもかかわらず、田中さんは渡辺さんのボールとは別の自分が投げたいボール（つまりアドバイスや意見）を投げ返すような対応になっています。これでは、渡辺さんは会話のキャッチボールを望んでいたのに、顔面めがけて真っ赤なドッジボールをぶつけられたかのような感じです。田中さんにすれば渡辺さんのためを思って、助けたいと思ってのことですが、渡辺さんは次のボールを投げても受け止めてはもらえない、無駄だと思い、コミュニケーションは止まってしまいます。それに、田中さんの対応は、渡辺さんに代わって、悩みを解決しようという試みですから「問題所有の原則」を侵しています。渡辺さんには問題を解決する能力がないと決めつけてしまうことにもなります。これでは援助ではなく、救助の試みになってしまいます。

これに対し、「能動的な聞き方」は会話のキャッチボールを可能にする聞き方です（p.153イラスト参照）。渡辺さんの心の中にある気持ちを記号化した文章が「上司とうまくいかなくて…」です。この記号化は言語だけでなく、表情、声のトーン、声の大きさなどの言語以外の情報も含まれていますから、聞き手は全体を感じ取って解読します。しかし解読したものが合っているかどうかは渡辺さんに確認しなければわかりません。この確認のフィードバックが「能動的な聞き方」です。渡辺さんから「そうなんだ」という返事があれば、解読が正しかったことになりますし、もし間違っていたとしても「そうではなくて～なんだ」というもっとわかりやすい記号がさらに送られてくることになります。どちらにしても確認することで会話は続き、キャッチボールになります。会話が続くことで、渡辺さんは話しながら自分の気持ちの整理がしやすくなり、解決策にも自分でたどり着く可能性が高くなるのです。

「能動的な聞き方」は、理屈では簡単なことなのですが、実際の場面での実践はなかなか難しいものです。私も訓練で身につくまではとても難しく感じました。どうしても相手の話を聞いているうちに「こうすればいいのに…」、「そんなことしたら失敗するに決まってる」、「何でこの人は前向きになれないんだろう」などなど自分の考えがわいてきて、相手の話に集中できなくなるのです。「能動的な聞き方」をするということは、自分の考えは横に置き、相手の経験していること、思考、感情に注意を向けて「今どんな気持ちなのだろう」、「何が不安なのだろう」と相手の内面に意識を向け続けることです。

もちろん訓練などしなくても自然に相手の気持

コミュニケーションがドッジボール

ちに目を向けて共感しながら話を聞くことができる人もいます。

「能動的な聞き方」は聞き方の技術ではありますが、決してハウツー、テクニックとして相手をコントロールするものではなく、相手に共感し、相手の解決力を信じ、相手の考えや価値観を尊重するという姿勢がないと活用できないものであると言えます。

コミュニケーションがキャッチボール

6・5 「能動的な聞き方」を適切に用いるためのポイント

「能動的な聞き方」も不適切なタイミングで使うと誤解が生じたり、相手が不快になったりすることがありますので、適切に用いるための注意点を挙げておきます。

・「能動的な聞き方」は相手が問題を持っているとこちらが感じ取り、相手が話したいという態度を示している時に使う。相手が話したがらない時には使わない

・相手が問題を持っていない時、日常の何気ない会話をしている時に、相手の言うことを確認するフィードバックをし続けたら、相手は「だからそう言ったでしょう！」とイライラすることになる

・自分に聞こうという気持ちがある時、そして時間的な余裕がある時に使う。時間がない時に無理をして聞くと、こちらが時間を気にしていることが非言語で相手に伝わる。その時にはむしろ正直に時間がないことを伝え、別の機会に聞くことを約束した方が信頼関係は壊れない

・自分の解決策に従わせるために「能動的な聞き方」をするのは間違いである。相手が自分で解決策を見つけられるように手助けすることに徹する

- 相手がこちらの助言を求めている時には与えることもできるが、まずは十分に時間をかけて、相手の本当の問題が何かを理解することに努める。助言はそれからでも遅くない
- 能動的に聞いたからといって相手が必ず解決策を見つけるとは限らない。一人で考える時間を持つことで解決策にたどり着く可能性もある。相手に結論を出させることが目的ではなく、相手が考えを整理できるプロセスを伴走するようなかかわりとすることが重要である

「能動的な聞き方」がうまくいかない時にはフィードバックが的外れになっている可能性があります。そのような時は自分のフィードバックが次の八つのようなものになっていないかチェックしてみてください。例えば田中さんが「こんな仕事はもうやりたくないよ」と悩みを打ち明けた時を例にしてみましょう。

1．感情を誇張した大げさなフィードバック
「こんな仕事は最低最悪だと思うんだね」
2．感情を抑えたり、少な目にしたフィードバック
「こんな仕事に少しだけ嫌気がさしてるんだね」

3. 聞き手の考えやアドバイスを付け足したフィードバック
「こんな仕事は必要ないと思うんだね」
4. 相手のメッセージの一部を省いたフィードバック
「嫌なんだね」
5. 既に話し終わったことに戻るなど、後戻りや遅れたフィードバック
「以前の仕事がよかったって言ってたよね」
6. 相手がこれから言おうとしていることに先回りしたフィードバック
「早く別の部署に異動できるように上司に言うつもりなんだね」
7. 共感のない、言葉だけおうむ返しのフィードバック
「こんな仕事はもうやりたくないんだね」
8. 聞き手の分析・解釈によるフィードバック
「失敗したから嫌になっているんだね」

「能動的な聞き方」のフィードバックが的外れの時には、相手が「そうじゃなくて、～なんだ」と教えてくれることが多いので、すぐにわかります。言葉だけでなく、態度や表情も受容、共感、「ほんもの」（感じたことをそのまま、内外一致）で理解する努力

をすることで、技法を超えた本物の援助が実現します。

本章の最後に紹介するのは私の講座を受けてくださった土屋純子さん（仮名）が実際の生活の中で、「能動的な聞き方」と受動的な聞き方で、問題を抱えた友人を援助した時の会話を再現したものです。本人の了解を得てご紹介します。

純子さんの友人で、介護施設で介護士をしている友人T子さんがひどく興奮して話を聞いてほしいと家を訪ねてきました。

T子「ねぇ、今日はとても我慢できないことが起きてね。気持ちがどうしても収まらないから誰かに聞いてほしくて…」
純子「気持ちのおさまりがつかないほど、大変なことがあったんだね。私でよければ話を聞くよ」
T子「ありがとう。もう情けなくて、悔しくって…。うちの介護施設の古手の介護士のKさんがね、私が利用者さんの悪口を言ってるのが許せないって、月例会でスタッフみんなの前で突然言ったの！　私、何のことかさっぱりわからなくて、身に覚えがないのに！　ひどいのよ」

純子「身に覚えがないことを皆の前で突然言われて、びっくりしたし、ショックを受けてるんだね」
T子「うん。悪口って、『具体的にどのようなことでしょうか？』って聞いてみたの、そしたら『Dさんのこと頑固で扱いづらいって、他のスタッフに言いふらしてるでしょう。そういうのって困るのよ。皆がDさんに頑固な人っていうレッテル貼っちゃうでしょ！　それにそういうことってDさんには直接言わなくても伝わるのよ』って！　でも、私はそんなこと言ってないの」
純子「そうだったの…。言ってないことを責められたのね」
T子「だから、『私はそんなこと言ってません』って言ったんだけど、信じてもらえなくて…」
純子「そう」
T子「Kさんはね、私のことが気に入らないんだと思うの。施設の方針で納得できないことや改善できる点を施設長に直訴したりしたから、新入りなのに生意気だと思われてるんだよね。だから今回のことは嫌がらせだと思う」
純子「Kさんに生意気だと思われているから、今回のことはわざと嫌がらせをされていると思うんだね」
T子「たぶん。でも他のスタッフはわかってくれていると思う。施設長も『何かお互いに誤解があるようですね』って、間に入ってくれたから」
純子「そうなの、周りの人はあなたの味方をしてくれている感じなのね」
T子「うん。話したら少し落ち着いた…。自分にやましいことがないんだから、静観すればいいと思う」

この後もT子さんはKさんとのこれまでの経緯などを話し続けたそうですが、静観するという結論を出して落ち着いたそうです。純子さんは途中で何度か質問したくなったり、Kさんに対しての自分の意見が言いたくなったそうですが、「これはT子さんの問題だから私は援助に徹しよう」と意識して聞いたということでした。

「能動的な聞き方」は相手を尊重していることが伝わる聞き方です。周囲の人々とのベストなコミュニケーションには欠かせない要素ですので、できれば訓練を通じて身につけていただきたいと思います。

●第6章のポイント

☆アドバイスのリスク「お決まりの12の型」
相手が悩んでいる時のアドバイスはコミュニケーションを止める

☆援助する時に大切なこと
受容・共感・「ほんもの」・ある程度の達成感・相互性がないと援助は難しい

☆効果的な援助の方法
相手の話を「聞く」ことが大きな援助になる。そばにいる・沈黙・あいづち・促す・「能動的な聞き方」

☆援助のための「能動的な聞き方」
「能動的な聞き方」は聞き方の技術ではあるが、決してハウツー、テクニックとして相手をコントロールするものではない。共感し、解決力を信じ、相手の考えや価値観を尊重する

姿勢がなければ活用できない

☆「能動的な聞き方」を適切に用いるためのポイント

適切なタイミングと的外れにならないフィードバックを心がける

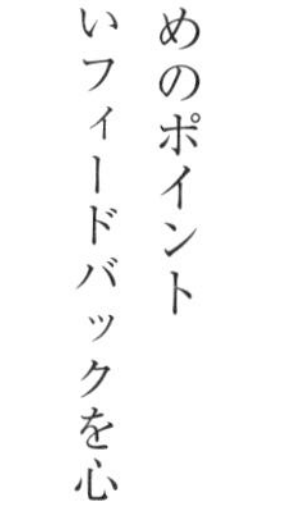

第7章 よりよい生き方の計画づくり

「君たちの時間は限られている。だから自分以外の他の誰かの人生を生きて、無駄にする暇なんかない」

これは、事業家・経営者であるスティーブ・ジョブズ（Steve Jobs）の言葉です。伝説となっているスタンフォード大学卒業式でのスピーチの中で「人生は生まれた直後から〝死〟に向かってカウントダウンが始まっている。そして、いつ〝死〟が訪れるかわからない。それは数十年後かもしれないし、明日かもしれない。だからこそ、他人の考えに従って生きるような時間的な余裕はないいんだ」とジョブズは述べています。

「常に時間はたっぷりある、うまく使いさえすれば」

また、これはドイツの詩人、劇作家であるゲーテの言葉です。時間をうまく使うことが人生を充実させるコツだということですよね。

7・1　マズローの欲求段階説

本書では、ゴードン・メソッドに基づいて自分の人生を自分が主役で生きていくために必要となるベストなコミュニケーションのとり方をお伝えしてきました。最終章は自分の人生をどうデザインし、限られた時間の中でどう充実させていくのかを計画することについてお伝えします。計画と聞くと、子どもの頃の「夏休みの計画表」を思い出して、堅苦しく、縛られる感覚になる方もいらっしゃるかもしれません。しかし、人生には限りがあります。成り行き任せでなく、効果的な計画づくりができれば、人生は豊かで楽しく、成長に満ちたものになる可能性が高くなります。自分が何を求めているのか、自分の欲求は満たされているのか、どうすれば欲求を満たすことができるのか。自分の欲求を満たす責任は自分自身にあります。計画が嫌い、計画どおりに人生なんて進まないと思う人でも、朝起きた時から今日一日の段取りは無意識に計画していたりするのではないでしょうか。無意識を意識化することが年に一度くらいあってもよいのではないかと思います。

私も毎年、新年にはこの一年をどう過ごしたいか、昨年満たせなかった欲求は何か、小さなものから大きなものまで夢を書き出します。書き出して、文字化した時点で漠然と思い描いていた夢が「目標」になるのを実感しています。

ネイティブアメリカンの言葉に「人生で一番長い道のりは、頭から心までの距離だ」というものがあります。日常に追われていると、自分自身の内面に目を向ける時間をつくることが難しくなります。頭ばかり使って忙しく時間に追われていると、自分の感情や欲求に目を向けなくなります。自分の面倒をみることができるのは自分だけです。だからこそ、「自分は今どのような気持ちなのか」、「自分はどうしたいのか」と意識的に自分自身と対話する時間をつくる必要があるのです。

米国の心理学者であるアブラハム・マズロー（Abraham Harold Maslow）は、自分の人生に満足を感じるためには自分の「欲求」を段階的に満たす必要があるという欲求段階説で有名です。マズローは自己実現を果たした成功者を調査することでこの説を見出しました。この5段階の欲求とは

1. 生理的欲求（Physiological needs）
2. 安全の欲求（Safety needs）
3. 社会的欲求（Social needs）
4. 自尊の欲求（Esteem）
5. 自己実現の欲求（Self-actualization）

を指します（図15参照）。

①生理的欲求

　生命維持のための食事・睡眠・排泄等の本能的・根源的な欲求です。これらの欲求が満たされないとこれらを満たすことに必死になるため、他の欲求には目が向かなくなります。しかし、人間にとってこの欲求しかみられないほどの状況は一般的ではないため、通常の健康な人間は即座に次のレベルである安全の欲求が出現します。

②安全の欲求

　生存の欲求が満たされると、安全を満たしたいという欲求に目が向きます。物理的な危険からの回避、経済的安定性、よい健康状態の維持、よい暮らしの水準を維持するといった欲求です。恐怖を感じながら生活している

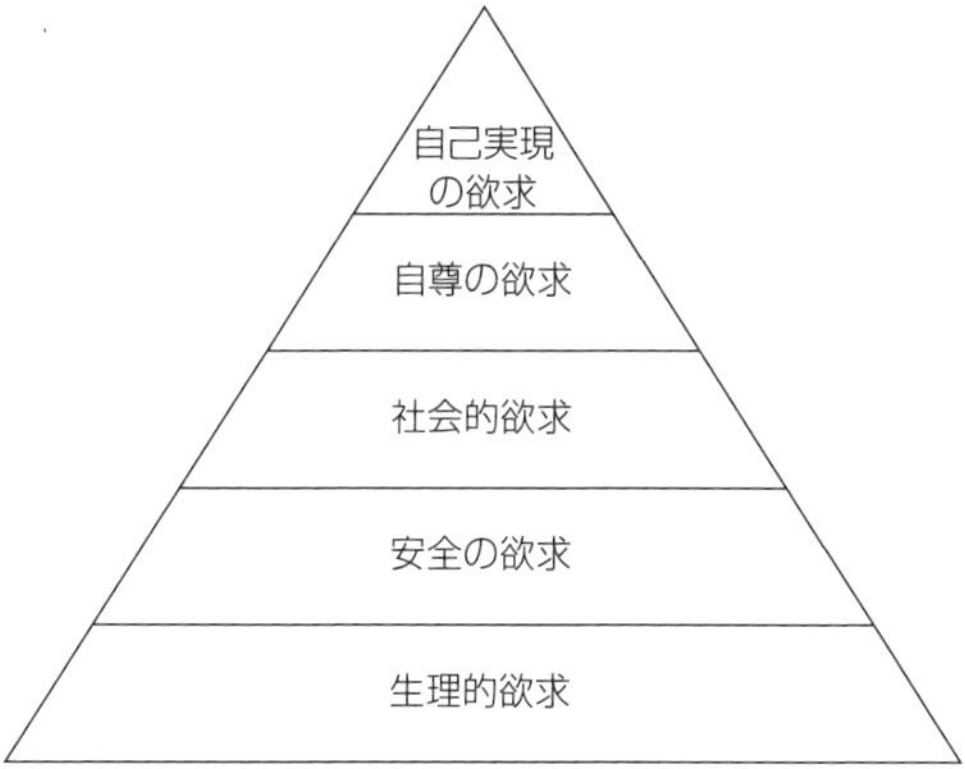

図 15　マズローの欲求段階説

と、私たちは身を守ることにエネルギーを集中するため他のことに目が向きません。
③社会的欲求
生理的欲求と安全欲求が十分に満たされると、この欲求が現れます。情緒的な人間関係、他者に受け入れられている実感、どこかに所属しているという感覚を求めます。人は親密さや受容、共感、理解されることを求めるのです。この欲求が満たされないと退屈、孤独、拒否、疎外感を感じるようになります。コミュニケーション能力がなければ、この欲求を満たすのは難しいと言えます。
④自尊の欲求
自分が集団から価値ある存在と認められ、尊重されることを求める欲求です。他者からの尊敬、地位への渇望、名声、注目などを得ることによって満たすことができます。さらに高いレベルの自尊欲求は、自己尊重感、技術や能力の習得、自己信頼感、自立などを得ることで満たされ、他人からの評価よりも、自分自身の評価で満たされます。自分で目標を設定し、それに到達することは自尊の欲求を満足させます。
⑤自己実現の欲求
①から④の欲求が満たされると、人は自己実現に向かおうとします。自分の持つ能力

や可能性を最大限に発揮し、具現化して、自分がなり得るものにならなければならないという欲求です。自己実現を果たす人は、自己、他者、自然に対して受容的で、自律性があり、対人関係において心が広くて深く、哲学的で悪意のないユーモアセンスと創造性があるなどの特徴があります。

目標を立て、計画をつくるにはこの欲求の段階説を参考に、まずは自分がどんな欲求を持っているのかをはっきりさせることから始めます。これが案外に難しいものです。人生を旅にたとえると、生きる目的がないということは、目的地も地図もないまま出かけ、さまよい続ける旅になります。分かれ道に来ても迷うばかりです。もちろん気ままにあてもなくブラブラ歩く旅も時には気楽でよいのかもしれませんが、限りある人生という時間はあっという間に過ぎていきます。

さて、ゴードン・メソッドを勉強する前出の敬子さんはこのメソッドを学ぶための講座である「自己実現のための人間関係講座」を受けたことで、毎日、繰り返しの日々を送っているだけで先のことを考えていない自分に気付かされました。敬子さんは将来どうなっていたいかということを改めて考え直したい、と強く感じ、そのためにまず生活の身近なところから目標を持って取り組んでいくことに決めました。次節では、敬子さんを例に目標をかなえていくための自己開発プランに沿った計画づくりを学びましょう。

7・2　6段階のプランづくりを活用する

自分の人生を自分が主役で生きるためのプランづくりは、第6章でお伝えした第3法の6段階の話し合いの方法と似ています。

そして、目標は短期（1週間程度）、中期（1か月程度）、長期（6か月以上）で達成できるものに分けて、それぞれ6段階のプランつくりに沿って計画すると効果的です。

〈第1段階　目標を立てる〉

目標という言葉にはいろいろなイメージがありますが、同じ目標でも、時と場合によって、また人によって、やらされる、嫌な「ノルマ」と感じられたり、逆に実現したい、楽しい「夢」と感じられたりします。ですから、自分が何を求めているのか、欲求や希望をきちんと反映させた目標を設定することを大切にしてください。そして、それが現実的な目標であるかどうかもポイントです。

例えば今からプロのスポーツ選手やプロのバレリーナを目指すのはあまり現実味のある目標とは言えませんが、社会人大学院でビジネスを学んだり、通信教育で資格を取ることは現実的な目標と言えるのではないでしょうか。

敬子さんは日常を振り返り、自分の欲求に目を向けてみました。異動で新しい部署になってから、数か月間は慣れない仕事で緊張し続けて、好きな読書やDVDも見られていないことにまず気付きました。手始めに短期目標として、欲求を反映させた目標に置き換えると「1週間に1冊の本を読み、1本のDVDを鑑賞する」になります。

〈第2段階　アイデアを集める〉

目標を達成させるためにできることをできるだけたくさんのアイデアを集めてリストアップします。ここでは思い付く限りのアイデアをブレーンストーミングで出します。常識にとらわれない創造的な発想や想像力を働かせたアイデアを考えると楽しくなります。誰かほかの人に相談してアイデアをもらうのも効果的です。

敬子さんの「1週間に1冊の本を読み、1本のDVDを鑑賞する」を実現するためのアイデアを考えてみましょう。

- 日曜日に図書館へ行く

・インターネットで本を検索、購入
・仕事帰りに書店に寄る
・友人にお勧めの本、ＤＶＤを聞いてみる
・ＤＶＤを見る時間を確保するため、週に１日は残業せずに定時に帰ると決める
・家事を効率化して読書の時間を確保
・お風呂に入りながら本を読む
・通勤の電車の中で本を読む
・友人を家に招いて、一緒にＤＶＤを見る
・毎週宅配でレンタルＤＶＤが届くような手続きをする
・読書会のサークルに入る
・早起きして時間をつくる
・休暇を取って、本を１冊持って旅に出る

〈第３段階　アイデアを評価する〉

アイデアが出揃ったら、一つひとつについて検討し、実行可能なものを選びます。状況により合致するように、アイデアをつくり変えることもできます。

敬子さんは次のアイデアに決定しました。

- 仕事帰りに書店に寄る
- ＤＶＤを見る時間を確保するため、週に１日は残業せずに定時に帰ると決める
- お風呂に入りながら本を読む
- 毎週宅配でレンタルＤＶＤが届くような手続きをする
- 週に１日だけ早起きして時間をつくる
- 来月は休暇を取って、読書の旅に出る

アイデアに家族や他者の協力が必要な場合は話し合いが必要なこともあります。

〈第４段階　実行のための計画をする〉

実行するための準備として詳細を決めます。

- １週間のスケジュールを確認し自由になる時間を確保する
- 週に１日は定時に帰れるように、仕事の調整をし、計画しておく
- 本屋に寄る日を決める
- インターネットでレンタルＤＶＤの配達を申し込む
- 月曜日は早起きすることに決める

・休暇の申請を出す

〈第5段階　実行する〉

実際に行動に移します。

本屋に行き、ＤＶＤの申込み手続きをし、月曜は早起きのために日曜日は早めに休み、休暇の申請を出す。

〈第6段階　結果を評価する〉

計画どおりに実行できたかどうかを振り返ります。急な用事が入ったり、病気になったり、急ぎの仕事が入ったために計画どおりに進まないこともあるでしょう。そんな時には、柔軟に計画を先延ばしにしたり、代替案を考えたりしながらあきらめずに続けることです。まずは1週間程度で達成できる短期目標を実現することから積み重ねて、成功体験をする

ことをお勧めします。

大きな目標、長期的な目標を立てると失敗したり、挫折したりしがちなのは「全力を振り絞ること」と「それを維持し続けること」が難しいからです。短期、中期、長期と目標に段階をつくり、それらを積み重ねていく方が現実的です。

そして、そのようにして決定した目標は、ぜひ紙に書いて、日々確認できるようにしておくことをお勧めします。毎秒、脳では視覚が１０００万ビット、聴覚が40万ビット、そして触覚は１００万ビットの情報を処理するそうです。視覚に訴えることで、スーパーコンピュータである脳は目標達成に必要な情報を集めてくれます。文字にして書き留めたことで「夢」が「目標」となり、さらに「目標」が「予定」となり、行動に移しやすくなります。また、モチベーションが続かないのであれば、あなたが本当に望んでいる目標ではないのかもしれません。繰り返しになりますが、目標設定にあたっては「あなたが何を求めているのか」をきちんと見つめることが重要です。また、それをじっくり考えることが自分が望む状態に近づくための最も重要な一歩なのです。

思考に気を付けなさい　それはいつか言葉になるから
言葉に気を付けなさい　それはいつか行動になるから
行動に気を付けなさい　それはいつか習慣になるから
習慣に気を付けなさい　それはいつか性格になるから
性格に気を付けなさい　それはいつか運命になるから

マザーテレサ

このマザーテレサの言葉は、逆からとらえると、自己理解をし、自分の思考を明確にすれば、言葉、行動、習慣、性格、運命は自分の思考どおりになるということです。自分の思考を整理し、自分が何を大切に生きるのかを明確にすることが、仕事やひいては人生をよりよいものにしていく極意なのではないでしょうか。

自分の人生を、自分自身が主役で生きることを実現していくためのベストなコミュニケーションの方法としてゴードン・メソッドをお伝えしてきました。限りある人生という旅は、時には逆境に苦しむこともあるかもしれません。しかし、仕事にベストを尽くし、苦難を乗り越え、成長し、たくさんの仲間に出会い、信頼関係を結び、様々な体験を楽しむことができれば人生は実に豊かになります。皆さんの人生が幸せで豊かであることを願いますとともに、この本がそんな人生の旅のお供として役に立てば幸いです。

●第7章のポイント

☆マズローの欲求段階説
自分の欲求がどのレベルかを知り、下層の欲求から満たし、自己実現へ向かう

☆6段階のプランづくりを活用する
長期目標を達成するには、短期目標、中期目標と細かく段階を設けて積み上げていく

おわりに

ゴードン・メソッドに出会ったのが１９９６年、このプログラムを伝えるインストラクターになったのが１９９８年、16年の月日が経ちました。私がゴードン・メソッドを学んだきっかけは、義理の娘を育てる過程でコミュニケーション不全に陥ったことでした。

我が家はステップファミリーです。ステップファミリーとは、夫婦のどちらか、または両方が、前のパートナーとの子どもを連れて結婚した時にできる家族のことです。我が家の場合は、夫が再婚で私は初婚、夫の子ども２人（当時７歳と12歳の娘）の４人家族として１９８７年に生活をスタートしました。私は初婚でしたので、親の経験はまったくありませんでした。結婚前は日本航空の客室乗務員として14年間仕事をしていましたので、専業主婦の経験ももちろん初めてでした。

子どもを育てるということは普通の家庭でも大変なことだと思いますが、それがステップファミリーの場合は血のつながりがない分、問題も複雑になります。経験したことがないような状況が次から次にやってくる中で、ストレスをいっぱいためていました。覚悟して結婚したはずなのに、弱音を吐く自分を責め、自分にイライラし、そうした気持ちを率直に伝えることもできず、不機嫌な空気を撒き散らしていました。当然、家庭の空気は悪くなります。子どもたちともうまくコミュニケーションをとることができず、自分の理想とは裏腹に口うるさいだけの母親になってしまいました。幸いなことに夫が聞き上手で私の苛立ちや思いを受け止めてくれたこともあり、夫婦の関係は何とか保っていましたが、思春期になった娘たちとは最悪の関係でした。でも心の中では、このままではいけない、私の人生に後悔を残したくない、娘たちとわかり合える関係になりたいともがいていました。そんな時にゴードン博士の「親業訓練」というコミュニケーションのプログラムに出会ったのです。

暗いトンネルを抜け出すきっかけは1冊の本でした。ゴードン博士の「親業」について書かれた「子どもに愛が伝わっていますか」(三笠書房)を書店で手に取ったことが人生の転機になったのです。この家族の葛藤とゴードン・メソッドについては著書「ゴードン博士の親になるための16の方法」(合同出版)に記しました。

今回の「職場に活かすベストコミュニケーション」は主に職場の人間関係に焦点を

絞って書きましたが、仕事と家族関係、友人関係は切っても切り離せないものですし、それぞれの場所で形成される人間関係は人生そのものです。仕事での目標を達成し充実感を得たとしても、自分の人生に対する心からの満足は仕事だけでは得られないものがあります。人は誰でも幸せな人生を望んでいます。人によって幸せのイメージはそれぞれでしょうが、これが幸せだと感じられるようなよりよい生き方をするためには、自分が何を幸せと感じ、どんな願いや欲求を持っているのかを自分でわかっていること、そして自分で自分の願いや欲求を満たすために行動すること、周りの人の協力を得られるように人間関係をつくることが大切であるということを私は自分の経験から実感しています。

過去の私はよい母になろうとするあまり、自分の心の声を見失っていました。本当は自分が何を求めているのか、どうありたいのか、どうしたいのかを見極めないままに自分の気持ちを我慢し、よい母という役を演じるのに必死になっていたのです。私がこんなに我慢して頑張っているのだから、あなたも我慢して頑張るべきだと家族に押し付けていたのです。自分の気持ちさえ大切にできない人は、他者の気持ちなど大切にできるはずがありません。自分の気持ちを大切にできるからこそ、他者の気持ちも尊重し大切にできるようになるということが、ゴードン・メソッドを学ぶことで理解できました。自分が感じていることを率直に自己表現することがどれだけ大切なことかも実感しました。

身近にいる家族といえども、正直に率直に思いを伝えることから関係ができていくのです。ゴードン・メソッドに出会い、自分の思いや考えの伝え方、相手の思いや考えをしっかり理解する聞き方を身につけたことで、娘たちともわかり合える関係ができ、夫とはさらに信頼関係が深まり、たくさんの友人、仕事仲間、地域の人たちとも豊かで、温かな関係を築くことができました。40歳過ぎから自己実現に向かって歩み続けています。悩みや失敗がなくなったわけではありませんが、困難、失敗、逆境の時には自分の心と対話し、自分が本当は何を求めているのか、自分自身の欲求に沿って行動すればよいという安心感があります。私が成長できたのは、困難や失敗を経験し、それを乗り越えたからこそです。

家族と違って、職場は様々な考え、多様な価値観、やり方や習慣が違う人たちの集合体です。だからこそ、お互いが気持ちよく、安心して仕事に取り組むためには、やはり日常のコミュニケーションの積み重ねが大切です。そして、多様性を認め、違いを恵みと思えるような人間関係をつくることができれば、無用な争いや諍《いさか》いは減ります。人生の半分を過ごす職場の人間関係のよし悪しは、仕事の質や人生の幸福度を左右します。

　本書をきっかけに、自分の人生を自分が主役で生きられるような、ベストなコミュニケーションが職場や家庭に広がっていくことを心から願っています。

　最後に私を産み育ててくれた両親、どんな時にも私を広い心で支えてくれる夫、私を成長させてくれた二人の娘たち、子育ての楽しさを教えてくれた一人息子に心から感謝し、この本を捧げます。

瀬川　文子

付録　コミュニケーションのスタイル・あなたはどのタイプ？

第2章で紹介した三つのコミュニケーションのスタイル（引っ込み型、攻撃型、率直型）について、自分がどのタイプにあたるのかを自己診断するための簡単な質問を用意しました。難しく考えず、「傾向としてこうだな」といった直感で選んでください。

質問1　あなたが上司の立場にあるとして、部下や後輩から「仕事でミスをしました」と報告を受けたら、どのような反応をしますか。

A　「何をやっているんだ！」と大声で怒る

B　「そういうこともあるよ」と慰める

C　詳しい事情を聞く

質問2　部下が遅刻を繰り返し、上司であるあなたの管理能力が問われています。その部下にどのように対応しますか。

A　「遅刻ばかりして、いい加減にしろ！」と言う

B　どうせ言っても変わらないから何も言わない

C　遅刻をすることで仕事に与える影響を具体的に話し、遅刻の原因を聞き出す

質問3　あなたのところには部下や後輩が質問や相談に来ますか。

A　めったに来ない

B　時々来る

C　よく来る

質問4　うれしいことがあった時に、周りの人にそのことを伝えますか。

A　誰かれかまわず伝える

B　人には言わないで、一人で味わう

C　親しい人には伝える

質問5　部下の報告の仕方が要領を得ず、よくわからない時にどうしますか。

A　何が言いたいのかわからないためイライラし、怒る

B　「たぶんこういうことなのだろう」と推測する

C　質問や確認をしながら聞く

質問6　部下や後輩を食事や飲み会に誘って断られたら、どのような反応をしますか。

A　強引に誘う

B　嫌われていると思い次から誘わない
C　次の機会に期待していることを伝える

質問7　自分のパートナーが子育てに悩んでいる時に相談されたらどうしますか。
A　子どもを直接叱る
B　子育てはパートナーに任せているので、自分で何とかするように言う
C　まずパートナーの悩みをじっくり聞き、一緒に考える

質問8　人からほめられたら、どのような反応をしますか。
A　悪い気はしないが、お世辞ではないかと疑う
B　うれしいが、謙遜して「まだまだです」と言う
C　素直に受け止め、「ありがとうございます」と言う

質問9　人から悪口を言われ、様々な誤解を招いていたらどうしますか。
A　お返しにその人の悪口を言う
B　黙って耐える
C　「悪口を言われ、誤解されていることが辛い」と直接、率直に相手に言う

質問10　自分の意見を批判されたらどうしますか。

A　批判で返す
B　黙る
C　相手の意見を丁寧に聞き、違いを認め、第3案を一緒に考えようと促す

A	B	C

Aが多い→攻撃型
Bが多い→引っ込み型
Cが多い→率直型

となります。Aが5個以上であれば聞く力を、Bが5個以上であれば自己表現力をつけていくとよいでしょう。Cが5個以上であれば、聞く力をさらに向上させることを目指してください。

【参考文献】

［1］ トマス・ゴードン著，近藤千恵訳（1998）：親業―子どもの考える力をのばす親子関係のつくり方，大和書房

［2］ 近藤千恵（1997）：子どもに愛が伝わっていますか―心のかけ橋をきずく“親業”，三笠書房

［3］ リンダ・アダムス，エリナー・レンズ著，近藤千恵・田中きよみ訳（2005）：自分らしく生きるための人間関係講座，大和書房

［4］ トマス・ゴードン著，近藤千恵訳（2002）：ゴードン博士の人間関係をよくする本―自分を活かす相手を活かす，大和書房

［5］ 近藤千恵監修（2000）：心を伝える 21 世紀のコミュニケーション，親業訓練協会

［6］ 瀬川文子著，親業訓練協会監修（2013）：あっ，こう言えばいいのか！ゴードン博士の親になるための 16 の方法：家族をつなぐコミュニケーション，合同出版

親業訓練協会

〒 150-0021　東京都渋谷区恵比寿西 2-3-14 8F

TEL：03-6455-0321　　FAX：03-6455-0323

HP：http://www.oyagyo.or.jp

親業訓練協会が提供する訓練講座一覧

ゴードン博士のコミュニケーション講座～初級編～（6 時間）

親業訓練一般講座（24 時間）

親業訓練上級講座（33 時間）

親業訓練パートⅡ講座（17 時間）

親業訓練入門講座（6 時間　ただし 20 名以上の団体のみ）

自己実現のための人間関係一般講座（21 時間）

自己実現のための人間関係上級講座（30 時間）
教師学一般講座（28 時間）
教師学上級講座（30 時間）
教師学基礎講座（6 時間）
教師学基礎講座・保育編（6 時間）
看護ふれあい学一般講座（21 時間）
看護ふれあい学上級講座（30 時間）
看護ふれあい学基礎講座（6 時間）
看護ふれあい学基礎講座・介護講座（6 時間）
ユース・コミュニケーション講座（15 時間）
★各講座は全国に 500 名以上いる親業訓練協会公認インストラクターが各地域で開催しています．詳しい情報をご希望の方は，親業訓練協会へお問い合わせください．

著者紹介

瀬川　文子

（せがわ　ふみこ）

親業訓練協会公認インストラクター／コミュニケーションインストラクター

略　歴

1973 年　日本航空客室乗務員として入社，14 年間国際線勤務の後結婚のため退社

1997 年　自然環境を求め，横浜から南房総千倉町に家族で移住

1998 年　コミュニケーションプログラム　ゴードン・メソッド「P.E.T 親業訓練」の指導員資格を取得

2002 年　CAP（子どもへの暴力防止プログラム）スペシャリストの資格取得

2003 年　市民グループ「あわ CAP」を設立，副代表を務める．親業シニアインストラクター資格取得

2006 年　親業訓練協会インストラクター養成トレーナー就任．エニアグラムアドバイザー資格取得

2008 年　看護ふれあい学インストラクター資格並びにふれあいコミュニケーションリーダー 1 級取得

2010 年　教師学インストラクター資格取得

2010 年　親業訓練協会企画室主任

人が生きる場での「相互理解・相互尊重」の大切さを講演，研修などで伝えるコミュニケーションインストラクターとして活躍中．子育てのみならず，教育界，行政，医療，介護，企業などに活躍の場を広げる．2007 年には，金の星社から「ママがおこるとかなしいの」を出版し，絵本作家としても活躍中．

著　書

『受験期に揺れる親子に役立つ P.E.T（親業）』Kindle 版
（株式会社デジタル・ブック・ストレージ）

『あっ，こう言えばいいのか！ゴードン博士の親になるための 16 の方法』
（合同出版）

『ママがおこるとかなしいの』（金の星社）

『ファミリーレッスン』（合同出版）

『聞く，話す あなたの心，わたしの気もち』（元就出版社）

『ほのぼの母業のびのび父業』（元就出版社）

イラスト　中嶋　洋子
（なかじま　ようこ）

株式会社経営技術研究所

職場に活かすベストコミュニケーション
～ゴードン・メソッドが仕事を変える～

2014年 7月14日　第1版第1刷発行
2022年 6月10日　　　　第3刷発行

著　　者　瀬川　文子
発 行 者　朝日　　弘
発 行 所　一般財団法人 日本規格協会
〒108-0073　東京都港区三田3丁目13-12 三田MTビル
https://www.jsa.or.jp/
振替　00160-2-195146

製　　作　日本規格協会ソリューションズ株式会社
印 刷 所　日本ハイコム株式会社
製作協力　株式会社大知

ISBN978-4-542-70179-3